Hundefrisbee

Hundefrisbee

Von der ersten Scheibe bis zum Freestyle

von Sabine Bruns / Marcus Wolff

CADMOS

Gestaltung und Satz: Ravenstein + Partner, Verden
Lektorat: Dr. Gabriele Lehari
Fotos: M. Wolff, S. Zels, M. Schweizer, S. Donaue, K. Breuer
Druck: Nørhaven, Viborg

Printed in Denmark

ISBN 3-86127-785-9

Inhalt

Inhalt

Ron Watson mit seinem Border Collie Kimo

Geleitwort von Ron Watson

When Marcus, Sabine and I met online in 2003, we had no idea where it would lead. Since that time, my dogs and I have been to Germany twice, Marcus and Sabine have been to the States three times. As I write this, Marcus' sister is staying with my family on holiday. Needless to say, we have all become close friends.

Marcus contacted me in 2003, after watching some video at k9athlete.com. I gave him a quick online video lesson via instant messenger on some techniques that he asked about. Marcus picked things up very quickly and a friendship was born.

Over the next several months we shared information: I shared Frisbeedog knowledge with them, and they shared dogtraining knowledge with me. When they asked me to come to Germany to do some shows and train, I could not pass it up.

Kimo and I went to Germany to teach Marcus and Sabine about playing Frisbee with dogs over Silvester 2003/2004. They were excellent students. So good in fact that Kimo and I wound up learning as much from them as they learned from me.

Leilani and I visited Germany again at the beginning of 2005 to work with some European players, and could not believe how much the German teams have progressed. The level of discdog play in Germany has developed very fast. I have witnessed this through video and firsthand experience. I believe that this is primarily due to Marcus and Sabine; they are world class competitors, instructors, and people.

I hope that this book gets translated into English so that myself and other American players can benefit from the knowledge that Marcus and Sabine have poured into it.

Read this book, get out and jam, and remember the best Frisbeedog in the world is the one having the most fun.

Ron Watson, Kimo, Leilani and Split
www.k9athlete.com
www.k9disc.com

Als ich Marcus und Sabine 2003 über das Internet kennen lernte, konnten wir nicht ahnen, wohin dies führen würde. Seitdem war ich mit meinen Hunden schon zweimal in Deutschland, Sabine und Marcus waren dreimal in den Staaten. Während ich dies schreibe, verbringt Marcus' Schwester ihren Urlaub bei meiner Familie. Ich brauche wohl nicht zu sagen, dass wir enge Freunde geworden sind.

Marcus hat mich 2003 kontaktiert, nachdem er Hundefrisbeevideos auf meiner Website gesehen hatte. Ich gab ihm eine schnelle Online-Videostunde über ein paar Techniken, nach denen er fragte. Marcus konnte diese Informationen sehr schnell umsetzen und es entstand eine enge Freundschaft.

Über mehrere Monate hinweg tauschten wir Informationen aus: Ich teilte mein Wissen über Hundefrisbee mit ihnen, sie teilten ihr Wissen über Hundetraining mit mir. Als sie mich fragten, ob ich nach Deutschland kommen wolle, um an Shows teilzunehmen und mit ihnen zu trainieren, konnte ich nicht nein sagen.

Kimo und ich kamen über Silvester 2003/2004 nach Deutschland, um mit Marcus und Sabine zu trainieren. Sie waren exzellente Schüler, so gut, dass Kimo und ich genauso viel von ihnen gelernt haben wie sie von mir. Leilani und ich haben Deutschland wieder Anfang 2005 besucht und ich konnte nicht glauben, wie sehr die deutschen Teams sich entwickelt hatten. Das Niveau des Hundefrisbeespielens hat sich in Deutschland sehr gesteigert. Ich bin Zeuge dieser Entwicklung durch Videos und durch eigenes Erleben. Ich denke, das ist primär Marcus und Sabine zu verdanken; sie sind Weltklasseturnierspieler, -lehrer und -menschen.

Ich hoffe, dass dieses Buch ins Englische übersetzt wird, sodass ich und andere amerikanische Spieler vom Wissen, das Marcus und Sabine in dieses Buch gesteckt haben, profitieren können. Lest dieses Buch, geht raus und habt Spaß. Und erinnert euch immer daran, dass der beste Frisbeehund der Welt der ist, der am meisten Spaß an der Sache hat.

Ron Watson mit den Border Collies Kimo, Leilani and Split

Über die Autoren

Wir, Sabine Bruns und Marcus Wolff, sind seit Anfang 2002 ein Paar. Im selben Jahr warfen wir im Urlaub die ersten Frisbeescheiben – und es kam uns der Gedanke, man könne auch mit Hunden Frisbee spielen. Dabei erschien uns die Scheibe, mit der wir spielten, für Hunde ungeeignet, obwohl sie als „Hundefrisbeescheibe“ einem Hundebuch beigelegt worden war.

Wieder zu Hause angekommen, setzten wir uns vor den PC und informierten uns über die Sportart „Dog Frisbee“ und waren begeistert. Dieser Sport verbindet Mensch und Hund zu einem Team, man kann kreativ sein, gemeinsam mit Freunden spielen oder mit dem besten Freund des Menschen, dem Hund. Der Hund wird vielseitig, geistig wie körperlich, gefordert und geht seiner Lieblingsbeschäftigung nach: dem gemeinsamen Spiel mit seinem Menschen.

Wir bestellten unsere ersten Hundefrisbeescheiben aus Amerika und es konnte losgehen. Marcus ist sehr talentiert, sah sich Videos an, probierte Würfe aus und tauschte sich mit Ron Wat-

Die Autoren mit ihren Malinois Crazy und Cato

son per Webcam aus. Ich bin dagegen nicht sehr begabt und musste mir alles erarbeiten. Nach fünf Monaten Training mit unseren Malinois Crazy und Cato nahmen wir am ersten Turnier teil.

Um mehr zu lernen, besuchten wir Seminare bei vielen amerikanischen Spielern. Ron Watson, der uns zeitweise per Webcam trainierte, Mark Jennings, Melissa Heeter und vielen anderen verdanken wir eine Menge Wissen. Wir nahmen an Schulungen für Tierärzte teil und besuchten Tierphysiotherapeuten, um mehr über die Physiologie des Hundes zu lernen. Besuche in Amerika und der intensive Austausch mit zahlreichen Spielern erlaubten es uns, in sehr kurzer Zeit viel Know-how zu erwerben und weiterzugeben.

Inzwischen waren wir sehr erfolgreich. Hier unsere wichtigsten Erfolge:

Sabine und Crazy sind

- Vize Deutscher Meister 2003
- Vize beim Ashley Whippet Invitational Classic in Chicago 2003
- Glow in the Dark Champion 2003
- Dritte der World Championships in Los Angeles 2004 (Ashley Whippet World Championships)
- Vize Europameister 2004

Sabine und Y sind
- Gewinner des Incredible Dog Challenge in „Toss and Fetch“ 2004
- Gewinner des Incredible Dog Challenge in der Jugendklasse 2004
- Summercup-Champion in der Jugendklasse 2004
- Glow-in-the-Dark-Champion in der Jugendklasse 2004
- Spring-Cup-Gewinner in der offenen Klasse 2005

Marcus und Cato sind
- Siebte beim Weltfinale im Long Distance in Madison, USA
- Gewinner des Incredible Dog Challenge Europe 2004

Marcus und Wursti sind
- Glow-in-the-Dark-Champion in der Jugendklasse 2003
- Eastercup-Champion in der Jugendklasse 2004
- Gewinner der Holländischen Meisterschaft in der Jugendklasse 2004
- Gewinner des Glow in the Dark in der Fortgeschrittenenklasse 2004

Wir haben elf Hunde, mit denen wir unseren Alltag teilen. Es sind vier Belgische Schäferhunde, zwei Border Collies, zwei Jack Russell Terrier, ein Australian Cattle Dog, ein Mischling aus Welsh Corgie und Cattle Dog und ein spanischer „Minipodenco“.

Wir arbeiten gerne mit den Hunden. Hauptberuflich betreiben wir eine Hundeschule. Die Hunde begleiten uns beim Training und sind auch selbst aktiv in Agility, Obedience, Frisbee und Dog Dancing.

Uns macht vor allem das Training von ungewöhnlichen Tricks Freude, deshalb können die meisten unserer Hunde rückwärts laufen, niesen auf Kommando und vieles mehr. Nebenbei arbeiten wir mit unseren Hunden ein wenig fürs Fernsehen. Sie waren schon die Stars in einigen TV-Shows und in diversen Tatort-Folgen. Mehr über unsere Hundeschule und unsere Hunde findet ihr unter www.hundeschulecanis.de

Die „crazy fly’n dogs“ wurden von uns gegründet, um auch mit anderen Teams den Sport gemeinsam betreiben zu können. Wir sind kein Verein, haben also keine hierarchischen Strukturen, keine Vorsitzenden, Trainer, Clubbeiträge oder Ähnliches. Die Teams sind sehr erfolgreich im Sport. Näheres über uns unter **www.frisbee-fun.de.**

Was ist Hundefrisbee?

Dog Frisbee, zu Deutsch Hundefrisbee, kommt aus Amerika und wird dort schon seit 30 Jahren betrieben. Was ist das Tolle am Hundefrisbee? Der Hund bekommt Bewegung und Beschäftigung, und dies noch mit einer Menge Spaß dabei. Beim Freestyle spielt man mit mehreren Scheiben und verbindet Tricks mit Wurftechniken. Dazu wird Musik gespielt und heraus kommt die neue Fun-Sportart: Hundefrisbee! Und was braucht man für diesen Sport? Einen spielbegeisterten Hund und einen Halter, der vor dem gemeinsamen Training das Werfen der Scheibe übt.

Der berühmte Whippet Ashley, aufgenommen im Frisbeemuseum bei Tom Wehrli

Geschichte

Die Geschichte des Frisbeesports hat etwas mit Kuchen zu tun. Früher gab es flache Kuchenformen aus Metall, unter anderem von der Firma „Frisbie". Mit diesen Kuchenformen wurde erstmals geworfen und so begann ein unglaublicher Frisbeeboom. Bald wurden dann auch Scheiben aus Plastik hergestellt.

Der Vater des Hundefrisbees ist Alex Stein. Er kaufte sich am 4. Juni 1971 seinen Whippet Ashley. Der Name entstand, weil der Whippet als Welpe die Farbe von Asche (englisch: ash) hatte, und war angelehnt an Ashley Wilkes (Gone with the wind ...).

Als begeisterter Frisbeespieler merkte Alex bald, dass auch sein Hund unglaublichen Spaß am Fangen der Scheiben hatte. Er sprang in die Luft und fing die Scheiben aus 2 bis 3 Metern Höhe.

Am 5. August 1974 wurde schließlich der Sport Hundefrisbee gewissermaßen geboren: Alex Stein lief bei einem Baseballspiel zwischen den Dodgers und den Reds während der Pause einfach auf das Feld und begann mit Ashley Frisbee zu spielen. Der Hund rannte mit ungefähr 65 Stundenkilometern über das Feld und fing die Scheiben aus einer Höhe von 2,70 Meter. Die Zuschauer waren begeistert. Der Centerfielder Jimmy Wynn sagte, dass dieser Hund besser Center spielen könne als er (entnommen aus Ashley Whippet von Irv Lander).

Die Sicherheitsbeamten der Dodgers unternahmen zunächst nichts. Nach acht Minuten entschied Alex jedoch, dass es wohl besser wäre, sich wieder Richtung Ausgang zu bewegen. Als er schon kurz vor dem Ausgang war, griffen die Sicherheitsleute der Dodgers zu und verhafteten Alex. Ashley konnte seinem Besitzer nicht folgen, weil zu viele Leute im Weg standen. Infolgedessen ging er verloren und tauchte erst drei Tage später wieder auf. Er hatte das Glück, dass ihn eine Familie aus Long Beach mitgenommen hatte. Durch Aufrufe im Fernsehen und im Radio bekam Alex seinen Hund wieder, der, als er ihn abholte, vor Freude über den 2 Meter hohen Zaun des Gartens der Familie sprang. Die Familie war sehr traurig, den schon lieb gewonnen Ashley wieder hergeben zu müssen, und auch der kleine Pudel der Familie vermisste seinen neuen Freund.

Mit einem Schlag bekannt geworden, hatten Alex Stein und sein Whippet Ashley noch viele Auftritte: bei der Tonight Show, der Today Show und der Good Morning America Show. Sie waren bei David Letterman und Michael Douglas. Ashley war Maskottchen bei den LA Rams und wurde dreimal World Champion im Dog Frisbee. Er war bei Hunderten von Fernsehshows zu Gast und unzählige Male in Zeitungen und Magazinen abgebildet. Nach ihm wurde die Weltmeisterschaft im Dog Frisbee benannt, die Ashley Whippet World Championships.

Er hatte eine eigene American-Express-Karte und ein Bankkonto. Er war der erste nicht menschliche Star im Peoples Magazine. Er bekam eine Story im Life-Magazin. Und er wurde in die Dog Frisbee Hall of Fame aufgenommen.

Hundefrisbee ist in erster Linie ein individuell auszuübender Sport, der nicht wie andere Sportarten unterrichtet werden kann. Es gibt nur eine wichtige Grundregel: Die Gesundheit und das Wohlergehen des Hundes stehen an erster Stelle. Jeder Spieler, ob Anfänger oder Fortgeschrittener, muss frei entscheiden können, welche Würfe, Moves oder Tricks er zeigt. Ein guter Frisbeelehrer ist, wer vor allem auch das Potenzial eines verunglückten Wurfes auf seine Innovation hin erkennt und daraus einen neuen Wurf kreiert. Beim Frisbee ist es wie bei keinem anderen Sport notwendig, keine hierarchischen Strukturen zu schaffen, denn sonst geht die Kreativität des Einzelnen allzu leicht verloren. Die Sicherheit des Hundes und Spaß am Sport und mit dem Hund sind die einzige Voraussetzung für Hundefrisbee.

Die Autoren mit Alex Stein, dem Vater des Dog Frisbee

Gesundheitliche Aspekte

Man kann prinzipiell mit jedem Hund Frisbee spielen. Ob er klein wie ein Jack Russell Terrier oder groß wie ein Rottweiler ist. Wichtig ist, dass man auf die Größe und das Gewicht sowie das Alter und den Gesundheitszustand des Hundes Rücksicht nimmt.

Ist ein Hund übergewichtig, müssen zunächst die überflüssigen Pfunde abgebaut werden, am besten in Absprache mit einem Tierarzt, der auch gleich sagen kann, ob Bedenken bestehen, mit dem Hund Frisbee zu spielen.

Achtet während des Spielens auf euren Hund. Ein frisbeebegeisterter Hund läuft trotz einer Verletzung weiter. Sollte der Hund lahmen, bitte sofort das Spiel abbrechen und den Hund vom Tierarzt untersuchen lassen.

Diese Scheiben sind reif zum Wegwerfen.

Spielt diesen Sport nur mit speziellen Hundefrisbees! Da die Scheiben gerade am Anfang von den Hunden schnell durchlöchert werden, solltet ihr immer Schmirgelpapier dabeihaben, um eventuell vorhandene scharfe Kanten und Ecken abschleifen zu können.

Achtung, folgender Vorschlag ist nichts für Kinder! Vorhandene Löcher kann man relativ einfach mit einem Feuerzeug reparieren. Dafür benötigt ihr ein Feuerzeug mit einem kleinen Brenner, also eines mit farbloser Flamme. Haltet den kleinen Brenner kurz auf die hochstehenden Ränder des Loches, bis der Kunststoff warm wird. Das dauert nur ein paar Sekunden. Feuchtet dann euren Finger gut an (bitte nicht vergessen) und streicht die Ränder des Loches einfach glatt. Grob verunstaltete Scheiben und Scheiben mit Rissen müssen immer weggeworfen werden.

Füttert den Hund nicht vor dem Spielen! Nach dem Fressen sollten Hunde eine mindestens zwei-, besser dreistündige Verdauungspause einlegen, bevor sie wieder rennen oder toben dürfen. Der Grund für diese Maßnahmen ist die Gefahr einer Magendrehung. Dieses Krankheitsbild wird gehäuft bei großen Hunderassen beobachtet, tritt aber auch bei mittleren und kleinen Hunden auf. Der Magen ist im Bauchraum wie ein Pendel aufgehängt und kann, wenn er voll und schwer ist, wie ein solches umschlagen. Damit wird nicht nur der Magenzugang zugedreht, sondern es werden auch die blutabführenden Gefäße aus dem Bauchraum zu Herz und Lunge abgeschnürt. Dieser Zustand führt innerhalb weniger Stunden zum Kreislaufschock und Tod. Deshalb müssen Hunde, die einen hart gespannten Bauch und gleichzeitig deutliche Zeichen von Unwohlsein und Schmerz äußern, sofort zum Tierarzt.

Bodenbeschaffenheit

Der Boden, auf dem gespielt wird, sollte eine ebene Rasen- oder Sandfläche sein. Löcher in der Fläche müssen aufgefüllt werden, bevor gespielt wird, denn tritt der Hund während des Spieles in ein Loch, kann er sich schwere Verletzungen zuziehen. Auch beim Training in geschlossenen Räumen sollte auf die Bodenbeschaffenheit geachtet werden. Gut geeignet sind Schwingböden, wie sie in Tanzsälen oder manchen Sporthallen zu finden sind. Diese glatten Böden müssen durch geeignete Teppiche rutschfest gemacht werden.

Reithallen sind in der Regel gut geeignet, da der Bodenbelag weich und ausreichend dick ist. Durch das Spiel in Reithallen werden die Scheiben schmutzig. Getrockneter Sand auf der Scheibe kann die Zähne des Hundes abschleifen, deshalb müssen die Scheiben nach jedem Spiel gründlich gereinigt werden.

Gummierte Böden sind nicht geeignet, da durch die Reibung Hitze erzeugt wird und dies schadet den empfindlichen Ballen der Tiere. Glatte Böden, Flächen mit zu viel Baum- oder Strauchbestand, aus dem Boden ragenden Ästen und Ähnlichem scheiden ebenso als Spielfläche aus.

Auf gefrorenen Böden sollte man kein Frisbee spielen. Zum einen ist der Boden zu hart. Zum anderen können sich die Hunde durch gefrorene Unebenheiten erhebliche Ballenverletzungen zuziehen. Auch sehr ausgetrockneter Boden kann zu hart werden, um darauf spielen zu können.

Gefahren im Frisbeesport?

Es wird immer viel diskutiert, wie gefährlich Frisbeespielen für den Hund ist. Geht man mit Vernunft und Fachwissen an den Sport heran, birgt er aber keine besondere Gefahr für den Hund. Entscheidend ist,

- wie die körperliche Konstitution des Hundes ist,
- wie athletisch der Hund ist,
- wie oft und wie lange der Hund spielt,
- wie oft belastende Elemente geübt werden,
- wie oft bestimmte Bewegungen wiederholt werden,
- wie gut der Mensch in der Lage ist, durch gezieltes Werfen vermeidbare Belastungen zu umgehen,
- wie gut der Hund im Training steht und
- wie professionell der Hund aufgewärmt wird.

Erfahrungen, wie sich die Belastung im Frisbeesport über längere Zeit auf die Gesundheit des Hundes auswirkt, gibt es in Europa noch nicht. Bei unseren zahlreichen Amerikareisen haben wir aber Hunde kennen gelernt, die mit 13 Jahren noch aktiv (und erfolgreich) an Turnieren teilnahmen, sowie sieben- bis neunjährige Hunde, die schon seit Jahren im Frisbeesport aktiv sind und keinerlei Probleme haben. Außerdem waren auf den Turnieren Hunde aller Altersgruppen vertreten.

Als Argument gegen den Frisbeesport mit dem Hund werden immer wieder das Springen nach der Scheibe und die Höhe der Sprünge angeführt. Dabei muss der Hund, um Frisbee zu spielen, überhaupt nicht und schon gar nicht hoch springen. Erst wenn man auf einem höheren als dem

Cool Mo und Y beim Spielen am Strand. Das Vorderfußwurzelgelenk von Y ist abgeknickt, um die die Bewegung abzufangen. Es ist nicht gebrochen!

Breitensportniveau spielt, springen die Hunde nach der Scheibe. Im Kapitel „Trainingsaufbau mit dem Hund" im Abschnitt „Springen lernen" findet ihr viele Tipps und Hinweise, wie ihr unnötige Belastungen des Hundes vermeiden könnt.

Jeder Hundesport belastet den Bewegungsapparat des Hundes, ob Agility, Vielseitigkeitssport, Flyball oder sogar Dog Dancing. Ein Hund, der springt und viele ungewohnte Bewegungen ausführt, ist natürlich stärker belastet als einer, der 20 Minuten am Tag an der Leine läuft und sonst viel auf dem Sofa liegt. Ist ein Hund oft draußen, spielt er viel mit Artgenossen, holt er Bällchen oder läuft er als Reitbegleithund oder am Fahrrad mit, wird er mehr belastet – und hat viel mehr Freude am Leben als seine Artgenossen, die weniger aktiv sind.

Statt über die Anzahl der Sprünge zu diskutieren, sollte man sich eher über den Bewegungsapparat des Hundes informieren und das Training an den Leistungsstand und die physischen Gegebenheiten des Tieres anpassen.

An dieser Stelle ein paar Bemerkungen zu Fotos vom Hundefrisbeesport: Es ist sehr schwierig, anhand von Bildern die Gefährlichkeit von Sprüngen zu beurteilen. Manchmal sieht es auf Bildern so aus, als lande der Hund komplett auf der Hinterhand oder als falle er sogar zu Boden, obwohl der Sprung in Wirklichkeit gut war. Der Hund wurde nur in einer ungünstigen Flugphase fotografiert. Fotografiert man Landungen, sieht die Vorderhand des Hundes manchmal aus, als sei das Bein gebrochen. Hunde federn bei jeder Landung und beim Abstoppen von Bewegungen mit dem Vorderfußwurzelgelenk ab. Dies sieht sehr unnatürlich aus, zumal sich das Gelenk mechanisch nicht in diese Richtung bewegen lässt, ist aber eine völlig natürliche Bewegung und somit nicht gefährdend oder außergewöhnlich belastend.

Auch die Höhe, in die der Hund springt, ist auf Bildern meist schlecht abschätzbar. Wurde mit einem Weitwinkel fotografiert, können 40 Zentimeter hohe Sprünge aussehen wie 3-Meter-Sätze. Von unten gegen den Himmel aufgenommen wirken Flips, als springe der Hund meterhoch, obwohl das Tier in Wirklichkeit eine Abfanghöhe von 60 Zentimeter hat, was einer Standardhürde im Agility entspricht.

Ron Watsons Border Collie Rockaleilei beim Flip. Der Hund ist nur etwa 50 Zentimeter über dem Boden.

Der Frisbeehund

Welcher Hund eignet sich zum Frisbeespielen?

Es gibt natürlich bestimmte Rassen oder Mischlinge aus diesen Rassen, die sich besonders gut für Hundefrisbee eignen. Mittelgroße Hunde eignen sich besser als sehr große oder sehr kleine Hunde.

• Hütehunde

Fast alle Hütehunde eignen sich sehr gut! Border Collies und Australian Shepherds sieht man in diesem Sport sehr oft, aber auch Gos d'Atura, Shapendoes, PON (Polski Owczarek Nizinny, Polnischer Niederungshütehund) oder Bearded Collie sind Beispiele für hervorragende Frisbeehunde. Hütehunde sind als Familien-

Airdedale Terrier beim Over durch die Beine

hunde oft nicht ausgelastet. Hier bietet Hundefrisbee einen hervorragenden Ausgleich für die Tiere, denn durch ein vielseitiges Training werden sie geistig und auch körperlich gefordert.

- Gebrauchshunde

  In diese Sparte fallen verschiedene Rassen wie Malinois, Airedale Terrier, Deutscher Schäferhund, Riesenschnauzer, Boxer oder Hovawart. Diese Hunde besitzen von Natur aus eine hohe Beutemotivation und sind in der Regel leicht fürs Frisbeespielen zu begeistern.

- Terrier

  Ganz berühmt ist der Jack Russell Terrier Whiplesh in Amerika als Frisbeehund. Generell eignen sich Terrierrassen sehr gut. Sie haben eine gute Beutemotivation, sind also leicht zum Spiel zu motivieren. Die Sprunghöhe muss natürlich der oft geringen Größe der Hunde angepasst werden.

- Gesellschaftshunde

  Viele Gesellschaftshunde lassen sich mit einigem Aufbau gut zum Frisbeespielen motivieren. Wir kennen einen frisbeebegeisterten Mops, eine französische Bulldogge, einen Malteser und mehrere Kleinpudel, die Hundefrisbee betreiben. Diese Hunde sind oft sehr verspielt und begeistert, wenn der Besitzer sie mit neuem Spielzeug überrascht.

- Jagdhunde

  Die meisten Jagdhunde spielen sehr gerne mit dem Frisbee. Sie sind schnell und oft stark beutemotiviert. Je nach Rasse dauert der Motivationsaufbau etwas länger als zum Beispiel beim Hütehund, aber wenn der Hund einmal begeistert wurde, ist er schnell und unermüdlich.

Craig Rogers mit seinem Jack Russel Terrier Whiplesh beim Dog Catch. Craig fängt ihn während des Flips.

Mischling Schrubber hat auch Spaß an der Scheibe.

- Mischlinge
  Im Prinzip eignet sich jeder Mischling, der gerne mit seinem Besitzer spielt, also eine gute Beutemotivation mitbringt. Eine mittlere Größe ist von Vorteil. Hunde über 30 Kilogramm Körpergewicht dürfen spielen, sollten aber keine höheren Sprünge oder Flips zeigen.
- Molosser
  Molosser sind nur bedingt zum Frisbeespielen geeignet. Durch ihre Größe sollten sie nicht springen, dürfen aber, wenn sie gerne spielen, flach geworfene Scheiben fangen.
- Herdenschutzhunde
  Diese Hunde sind nur in Ausnahmefällen zum Spiel mit dem Besitzer zu motivieren und daher die Exoten im Frisbeesport.

Ein Sport für jeden Tag und jeden Hund?

Hundefrisbee ist eine tolle Freizeitbeschäftigung mit dem Hund. Die meisten Hunde sind sehr schnell begeistert von dem neuen Spiel und möchten gerne jeden Tag spielen. Trotzdem sind einige Dinge zu beachten.

Der Hund muss die Grundregeln des Gehorsams kennen, das heißt, die Beziehung zwischen Mensch und Hund muss stimmen und der Mensch muss in der Lage sein, den Hund zu kontrollieren. Dazu gehört auch, dass das Spiel innerhalb von Grenzen abläuft, die der Mensch setzt. Solange der Hund beim Spiel in Jacke oder Hosenbeine beißt, bitte erst an der Erziehung arbeiten, bevor man mit dem Frisbeespielen beginnt.

Gerade bei sehr stark beutemotivierten Hunden kann es vorkommen, dass sie nur noch Frisbee spielen wollen, wodurch ihre Sozialkontakte zu anderen Hunden eingeschränkt werden könnten. Wenn der Hund auf fast jedem Spaziergang spielt, ist die Belastung für die Gelenke außerdem zu hoch und er kann zum „Scheibenjunkie“ mutieren, was nicht sehr wünschenswert ist.

Wer Hundefrisbee auch für Turniere üben möchte, kann ruhig sechsmal pro Woche spielen – aber ohne Hund, denn richtig werfen zu können ist das A und O beim Frisbee.

Hunde, die unter Erkrankungen des Bewegungsapparates leiden, sollten kein Frisbee spielen dürfen.

Ab wann kann ich anfangen?

Generell ist es nie zu spät, mit dem Frisbeespielen anzufangen, solange der Hund gesund ist. Wir kennen Hunde, die erst mit acht Jahren mit dem Frisbeespielen begonnen haben und mit Freude dabei sind. Man muss den Hund auf alle Fälle vorher einmal beim Tierarzt vorstellen und ihn gründlich daraufhin untersuchen lassen, ob irgendetwas gegen eine sportliche Betätigung spricht. Dabei ist es sinnvoll, gegebenenfalls Röntgenaufnahmen der Hüfte, der Wirbelsäule und der Schulter anzufertigen und den Tierarzt den Hund beim Laufen beobachten zu lassen.

Für junge Hunde gelten besondere Regeln: Springen ist so lange verboten, bis die körperliche Entwicklung abgeschlossen und der Hund ausgewachsen ist. Hunde kleinerer Rassen erreichen diese Entwicklungsstufe früher als Vertreter großer Rassen. Verletzungen während der Wachstumsphase wie Zerrrungen, Stauchungen, Ausgrätschen, Stöße, Verrenkungen sowie Überforderung können zu Gelenkproblemen führen. Bei Junghunden ist weder der Skelettapparat noch die Muskulatur vollständig ausgereift! Deshalb dürfen junge Hunde noch kein Freestyle spielen!

Man kann bei jungen Hunden aber schon mit dem Motivationsaufbau beginnen. Sie können lernen, dass das Spiel mit der Scheibe angenehm ist und Freude bereitet, dass sie die Scheibe zurückbringen und vieles mehr. Neben der Sozialisierung des Hundes und der notwendigen Erziehung ist dies eine weitere schöne Möglichkeit, sich mit dem Tier zu beschäftigen.

Wenn der Hund 18 Monate alt und gesund ist, kann man mit dem richtigen Frisbeespielen anfangen.

Dieser Australian-Shepherd-Welpe verfolgt schon konzentriert die rollende Scheibe.

Zubehör

Scheibenkunde

Scheiben, die ein Hund fangen soll, müssen bestimmte Voraussetzungen erfüllen, denn der Hund darf sich weder im Maul verletzen noch dürfen seine Zähne Schaden nehmen. Deshalb muss die Scheibe biegsam, also elastisch sein. Sie muss flexibel genug sein, um sich zu biegen, und auch bei maximaler Krümmung darf sie nicht brechen oder splittern. Der Rand der Scheibe muss dick und darf nicht scharfkantig sein. Dabei muss das Material nachgeben, wenn der Hund hineinbeißt.

Außerdem soll die Scheibe noch ganz vernünftig fliegen, damit es auch Spaß macht, sie zu werfen, und es dem Hund möglich ist, sie zu fangen.

Alle auf internationaler Turnierebene zugelassenen Scheiben werden in den USA hergestellt (mit Ausnahme der Hero) und können 2005 leider noch nicht in den Tierzubehörläden erstan-

Es gibt viele unterschiedliche Scheiben zu kaufen, hier eine Auswahl.

den werden. Die Hundefrisbeescheiben unterscheiden sich in einigen Merkmalen von denen, mit denen Menschen untereinander spielen. Sie haben einen Durchmesser von etwa 23 Zentimeter und ein Gewicht von etwa 100 Gramm (kann je nach Modell und Hersteller etwas differieren).

- Firma Wham®

Fastback®

Die Fastback ist die amerikanische Standardturnierscheibe. Sie ist die härteste der Fastback-Serie und hat sehr gute Flugeigenschaften. Sie ist bei allen offiziellen Turnieren zugelassen. Sie ist geeignet bis etwa 5 Grad Celsius, bei niedrigeren Temperaturen wird das Material spröde und kann reißen. Risse machen die Scheibe unbrauchbar. Schmutzige Fastbacks kann man in der Spülmaschine reinigen.

Flex Fastback®

Die Flex Fastback ist etwas weicher als die normale Fastback und auch für Temperaturen um den Nullpunkt geeignet. Manche Hunde nehmen diese Scheiben lieber als die Standardscheibe. Schmutzige Flex Fastbacks kann man in der Spülmaschine reinigen.

Super Flex Fastback®

Die Super Flex ist eine sehr flexible Scheibe, die man auch bei Temperaturen unter dem Gefrierpunkt benutzen kann. Sie ist sehr flexibel und gut geeignet für Hunde, denen die Standardscheiben zu hart sind. Im Sommer ist die Super Flex nur bedingt geeignet, weil sie sich bei Hitze verformt. Deshalb darf sie auch nicht in der Spülmaschine gereinigt werden. Sie hat schlechtere Flugeigenschaften als die anderen Fastback-Scheiben, für Anfänger ist dies allerdings nicht relevant.

- Firma Hyperflite®

K 10® competition standard disc

Dies ist die Standardscheibe dieser Firma. Sie ist etwas kleiner als die Fastback, aber vom Härtegrad sehr ähnlich. Durch ihre geringere Größe ist sie für Anfänger leichter zu werfen. Auch Pancakes sind mit ihr etwas unkomplizierter. Durch ihre geringere Größe mit im Verhältnis höherem Gewicht als die Fastback ist diese Scheibe schneller und auch weiter zu werfen. Sie bekommt viel Geschwindigkeit und ist für langsamere Hunde daher nur bedingt geeignet.

Hyperflite® für kleine Hunde

Die Standardscheibe von Hyperflite® gibt es auch in kleinerer Ausführung, was besonders für Besitzer von kleineren Hunden interessant ist. Leider sind diese Scheiben in Europa 2005 noch nicht bei Turnieren erlaubt. In Amerika gibt es schon Wettbewerbe mit spezieller Minihundeklasse.

Minimischling mit einer kleinen Scheibe beim Flip

Frost Bite®

Auch von Hyperflite® gibt es eine Scheibe, die sehr weich ist, die Frost Bite. Sie kann auch bei Minustemperaturen eingesetzt werden. Ihre Flugeigenschaften sind vergleichbar mit denen der Super Flex Fastback. Diese Scheibe gibt es in zwei Größen: normal und klein für kleinere Hunde.

Jawz®

Die Jawz ist eine optisch sehr attraktive Scheibe. Sie ist nahezu unkaputtbar und damit gut geeignet für Hunde, die zum Zerbeißen der Scheiben neigen. Die Jawz ist wesentlich schwerer als die anderen Scheiben, das Material ist sehr flexibel. Sie sinkt durch das höhere Gewicht schneller zu Boden als die anderen Modelle. Geübte Werfer können die Jawz durch das hohe Gewicht weiter werfen als die Standardscheiben.

- Firma Hero®

Hero 235

Die Hero 235 ist die Standardscheibe dieses Herstellers. Sie wird in Japan produziert und hatte schon kurz nach ihrem Erscheinen viele begeisterte Anhänger. Sie ist der Standard-Fastback am ähnlichsten und bei internationalen Turnieren aller amerikanischen Organisationen zugelassen.

Medium

Diese Scheibe nennt sich Hero Disc 160, die Zahlen sind bezogen auf den Durchmesser in Millimetern. Diese Scheibe ist flacher als die

Mit Stoff bespannte Scheiben

Scheiben von Hyperflight und überzeugen durch ihre sensationellen Flugeigenschaften. Mark Molnar wirft diese Scheibe 100 Yards, was etwa 90 Metern entspricht. Sie ist gut geeignet für kleine Hunde oder Welpen, die nicht nur in Stoffscheiben beißen wollen.

Mini

Die Minischeibe nennt sich Hero 120, wobei diese Scheibe sehr klein ist. Für Chihuahuas und ähnliche Kleinhunde sicher geeignet, allerdings sind diese Scheiben sehr schwer zu werfen. Roller gehen ganz einfach, ansonsten hilft nur üben, üben, üben. Vorteil? Kann man auch mit in Kneipen nehmen, dann müssen nicht die Bierdeckel als Scheiben herhalten.

- Stoffscheiben

  Dies sind die wahren Anfängerscheiben, die schon fast jeder in der Hand gehabt hat. Dabei gibt es diese Stoffscheiben in verschiedenen Ausführungen und Qualitäten zu kaufen. Vor allem Scheiben, bei denen der Stoff nicht straff gespannt ist, haben ganz gute Flugeigenschaften. Der Stoff bildet dann in der Mitte einen Buckel, dadurch können diese Scheiben auch eine Weile in der Luft bleiben. Straff mit Stoff bespannte Scheiben haben eher schlechte Flugeigenschaften, eignen sich aber zum Motivationsaufbau mit Zerren und Rollern.

  Den Außenrand dieser Scheiben bildet in der Regel ein hohler Gummischlauch, der flexibel ist. Manche Scheiben haben aber auch eine feste Kordel außen, die für die Zähne des Hundes gefährlich werden kann, wenn Rotation dazu kommt. Die Scheiben mit Kordel sind wesentlich schwerer als die anderen und haben denkbar schlechte Flugeigenschaften.

Ungeeignete Scheiben

Jede Disziplin beim Frisbeesport für Menschen hat ihre eigenen Scheiben, aber nicht alle dieser Scheiben sind für Hunde geeignet.

Leider werden viele dieser Scheiben im so genannten „Fachhandel" als hundegeeignete Scheiben angeboten. Die meisten dieser Scheiben

- sind zu hart, nicht flexibel und biegsam.
- haben Aussparungen in der Mitte, die den Hund beim Fangen, während die Scheibe rotiert, Zähne kosten können.
- haben in der Mitte einen Pin, der ein sehr hohes Verletzungspotenzial bietet.

Diese Scheiben sind für Hundefrisbee ungeeignet.

- sind zu schwer und – wenn mit Rotation geworfen – für kleinere Hunde sogar lebensgefährlich.
- haben einen zu dünnen oder sogar scharfkantigen Rand, der Zähne und Zahnfleisch des Hundes verletzen kann.

Westen

Um auch im Sommer Hunde zu vaulten, also über den Rücken springen zu lassen, gibt es spezielle Westen, die den Körper des Werfers schützen. Diese Westen kann man über www.skyhoundz.com bestellen.

Leichte Hunde kann man auch vaulten, indem man sich zwei bis drei T-Shirts übereinander anzieht. Bei sehr schnellen oder schwereren Hunden empfiehlt sich jedoch das Tragen einer Schutzweste.

Tipp

Unsere ersten Westen bestanden aus alten Taucheranzügen. Die kann man manchmal günstig bei Internetauktionen ersteigern und sich dann die Teile, die man benötigt, herausschneiden. Ob als Weste oder als Beinbandage für den Werfer, als Armschutz für verschiedene Sprünge, ein kompletter Anzug bietet viele Möglichkeiten.

Wurftechniken

Es ist uns bewusst, das es sehr schwierig ist, aufgrund eines geschriebenen Textes und ein paar Bildern Würfe zu lernen, ohne sie in der Wirklichkeit zu sehen. Der zusätzliche Besuch von Seminaren ist empfehlenswert, auch Videos bieten eine gute Anleitung. Seit 2005 ist ein Anfängervideo von der Firma Frolic auf dem Markt, das die Grundwurftechniken Rückhand, Roller und Vorhand zeigt und auch die häufigsten Fehlerquellen demonstriert. Weitere Trainingsvideos sind erhältlich von Jochen Schleicher aus Deutschland oder von Peter Bloeme aus Amerika. Auch im Internet kann man nach einiger Recherche Videos finden.

Bevor ihr beginnt, mit eurem Hund Frisbee zu spielen, müsst ihr zunächst die richtigen Wurftechniken beherrschen. Wenn man eine Scheibe wirft, gibt es mehrere Dinge zu beachten.

Die maßgeblichen Faktoren für einen erfolgreichen Wurf sind Vorwärtsbeschleunigung, Rotation (Spin) und der Griff, also wie die Scheibe beim Abwurf gehalten wurde. Eine gut geworfene Scheibe muss immer genügend Rotation haben, die durch einen festen Griff und das richtige Schnappen aus dem Handgelenk erzeugt wird. Außerdem sind wichtig der Winkel, den die Scheibe in Relation zum Boden hat, und der Abwurfpunkt, also der Punkt, an dem die Scheibe freigegeben wird.

Der Spin

Die meiste Kraft entsteht beim Abwurf der Scheibe durch eine schlagartige Bewegung des Handgelenkes. Habt ihr schon mal versucht, mit einem nassen Handtuch jemanden zu treffen? Dabei wird ein sehr ähnlicher Bewegungsablauf verlangt. Man holt aus und lässt dann das Tuch vorschnellen. Die Bewegung kommt aus dem Handgelenk. Dabei holt das Handgelenk aus, schnellt kurzfristig vor, bis der Handrücken mit dem Unterarm auf einer Linie ist, und wird wieder zurückgezogen. Das Handgelenk wird dabei nicht überklappt! Genauso verhält es sich beim Werfen eines Frisbees. Das Handgelenk darf nicht überklappen, sondern die schlagartige Bewegung erfolgt nur so weit, bis Handgelenk und Arm eine gerade Linie bilden.

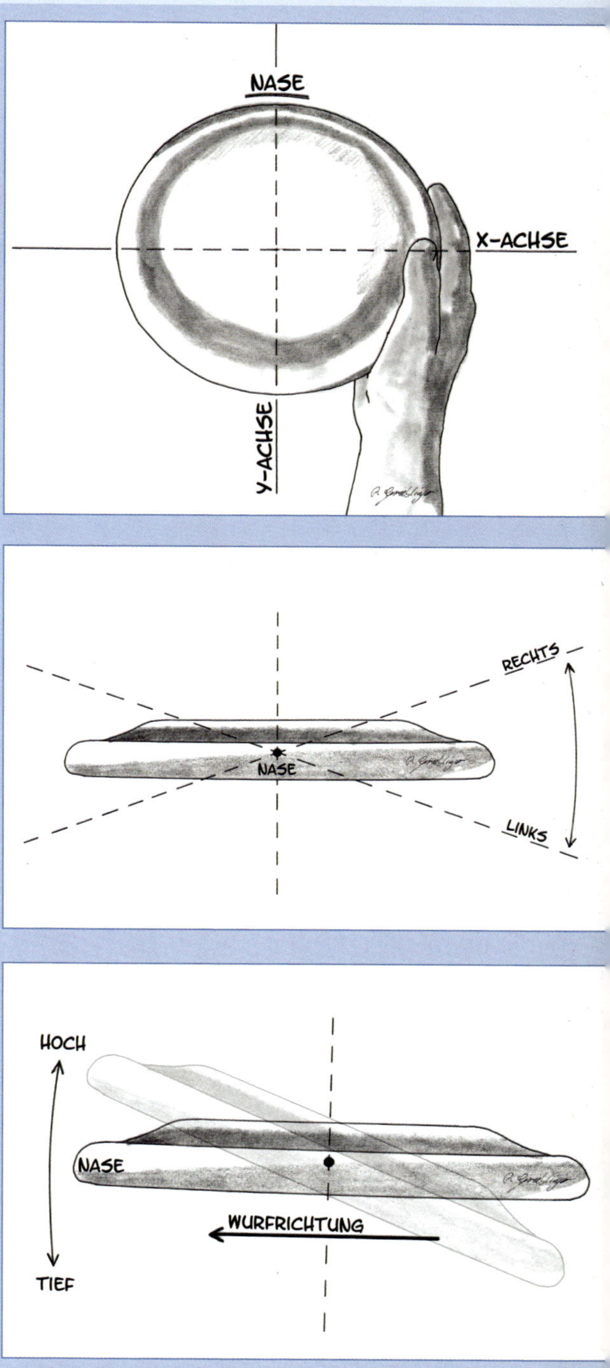

Eine Frisbeescheibe besitzt zwei Achsen, die x- und die y-Achse. Die Neigung der Scheibe über die x-Achse bestimmt die Wurfhöhe. Durch die Neigung über die y-Achse wird der Kurvenflug der Scheibe bestimmt.

Wie fliegt die Scheibe?

Die im Hundefrisbee am meisten verwendeten Scheiben sind die Fastback® und die K-10®. Diese Scheiben sind überstabil und neigen dazu, bei einem Wurf in Rotationsrichtung abzukippen. Bei einer Rückhand von einem Rechtshänder geworfen, kippt die Scheibe somit im Flug nach rechts weg.

Um diesem Verhalten der Scheibe entgegenzuwirken, muss die von der Hand abgewandte Seite der Scheibe nach unten gehalten werden. Der Grad der Neigung ist abhängig von Spin, Wurfweite, -richtung und -geschwindigkeit. Für kurze Würfe kann die Scheibe fast parallel zum Boden gehalten werden. Je weiter die Scheibe fliegen soll, umso mehr muss man die Scheibenkante absenken. Um lange Distanzen zu werfen, muss man die Scheibe manchmal in einem Winkel von 90 Grad zum Boden abwerfen.

Problem: *Die Scheibe kippt beim Rechtshänder nach rechts ab und endet in einem Roller.*
Lösung: *Kante der Scheibe war beim Abwurf aus irgendeinem Grund zu hoch, daher absenken.*

Problem: *Die Scheibe fliegt immer nach dem Abwurf zu hoch.*
Lösung: *Nase der Scheibe war zu hoch, daher absenken.*

Problem: *Die Scheibe fällt (Rückhand vom Rechtshänder geworfen) immer mit der Außenkante zu Boden.*
Lösung: *Kante war zu tief, meist wird das Verhältnis zwischen Absenken der Kante und der gewollten Weite der Scheibe falsch eingeschätzt.*

Bei der von einem Rechtshänder geworfenen Rückhand führt das Absenken der Scheibe an der der Hand abgewandten Seite somit zu einer Linkskurve, was dem natürlichen überstabilen Verhalten der Scheibe entgegenwirkt und es im Idealfall zu einem geraden Flug der Scheibe kommt.

Die Rückhand (Backhand)

Die Rückhand ist der Wurf, den man instinktiv zeigt, wenn man eine Scheibe zum ersten Mal zu werfen versucht. Es gibt viele verschiedene Möglichkeiten, die Scheibe festzuhalten. Bei allen Griffarten ist es wichtig, dass die Scheibe fest in der Hand liegt, also nicht locker gehalten wird. Eine zu lockere Scheibenhaltung führt dazu, dass man zu wenig Kontrolle über die Scheibe beim Abwurf hat und damit auch meist Probleme, ausreichend Rotation auf die Scheibe zu geben – die Scheibe eiert oder wabbelt in der Luft.

Wir stellen hier eine Auswahl an Griffarten vor. Jeder sollte ausprobieren, womit er am besten zurechtkommt.

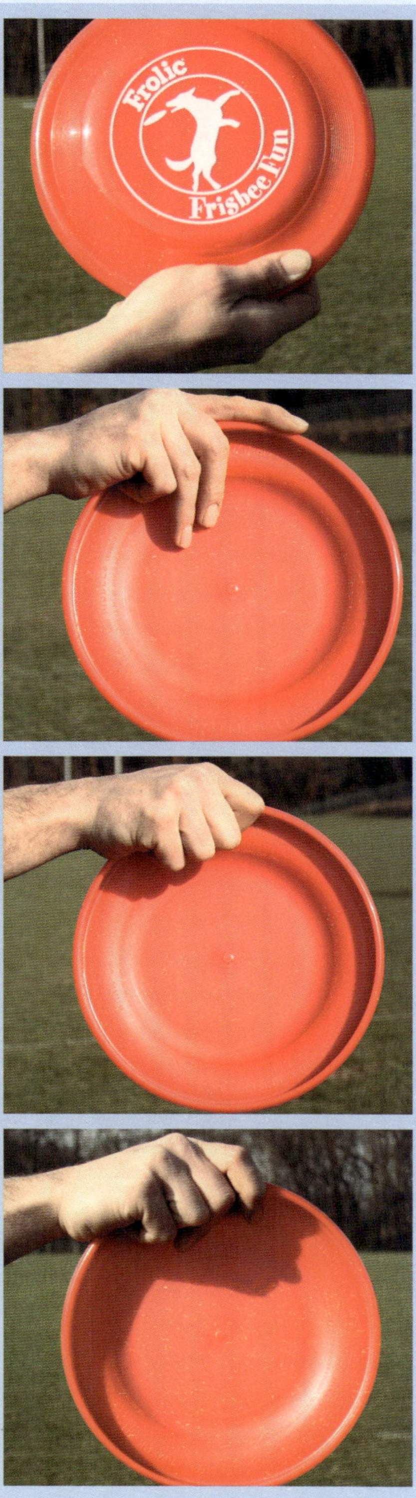

Möglichkeiten für den Griff bei der Rückhand. Von links: Griff von oben, Griff mit viel Kontrolle, Powergrip, Mittelweg

Wenn der Zeigefinger auf dem Rand der Scheibe liegt, hat man viel Kontrolle über die Scheibe, aber eher Schwierigkeiten, ausreichend Rotation/Spin beim Abwurf zu erzeugen. Der Zeigefinger bietet einen hohen Grad an Steuerung und Stabilität, da der Finger entlang der Kante bei der Richtungsfindung hilft. Der mittlere Finger, der die Scheibe stützt, liefert zusätzliche Stabilität.

Das andere Extrem bei der Scheibenhaltung ist der so genannte Powergrip. Dabei greifen alle Finger fest in den Rand und kein Finger stützt die Scheibe. Dadurch hat man wenig Kontrolle über die Scheibe, aber einen Gewinn an Kraft, die in Rotation umgewandelt werden kann. Da diese Griffart sehr auf die hohe Energie ausgelegt ist, findet man sie beim Hundefrisbee fast ausschließlich in der Disziplin Longdistance.

Zwischen diesen beiden Extremen ist jede Griffart möglich. Ob der Zeigefinger gekrümmt von innen den Rand stützt, wie viele weitere Finger die Scheibe halten – den ultimativen Griff gibt es nicht und jeder sollte durch Probieren herausfinden, welcher Griff ihm am besten liegt.

Der Rückhandwurf

Der Rechtshänder stellt sich mit seiner rechten Schulter in Richtung Ziel, wobei die Hüfte etwas nach links eingedreht ist. Die Füße stehen etwa auf Hüftbreite und die Knie sollten für einen stabilen Stand leicht gebeugt sein.

Die Kraft des Wurfes wird durch die Beschleunigung des Arms, durch die Gewichtsverlagerung (Masse des Körpers) nach vorne und durch die Rotation des Körpers erzeugt.

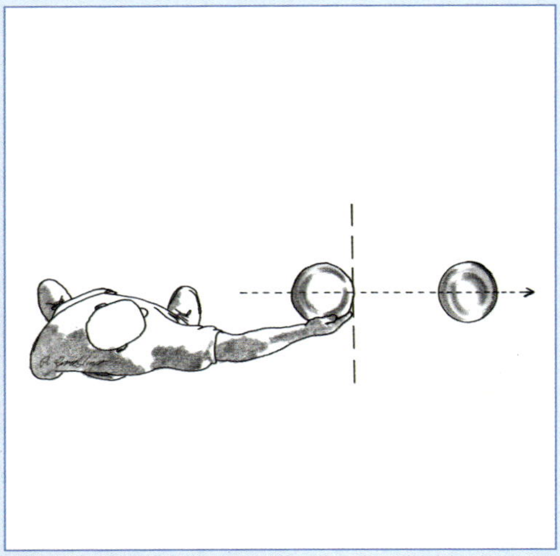

Rückhandwurf

Schiebt euren Arm mit etwas Kraft nach vorne und verlagert euer Gewicht auf den vorderen Fuß. Achtet dabei darauf, dass ihr die Scheibe nicht anhebt und das Handgelenk in einer geraden Position endet. Die Scheibe sollte an der von der Hand abgewandten Seite leicht nach unten hängen. Kommt es beim Loslassen der Scheibe zu einem Umklappen des Handgelenkes, so wird die der Hand abgewandte Seite der Scheibe angehoben und ihr Bestreben, nach rechts abzukippen, somit unterstützt.

Während ihr die Scheibe freigebt, schnellt euer Handgelenk nach vorne, damit die Scheibe von der Seite eures Zeigefingers abreißt. Dieses vermittelt der Scheibe die nötige Drehbeschleunigung, um sie im Flug zu stabilisieren (an den Griff denken!). Je stärker ihr das Handgelenk nach vorne schnellen lasst, desto mehr Spin bekommt die Scheibe und umso stabiler wird auch die Flugbahn. Achtet darauf, dass Handgelenk und Unterarm, während ihr die Scheibe freigebt, eine Linie bilden. Nachdem ihr die Scheibe freigegeben habt, zeigt der Arm auf sein Ziel, so als wollte man jemandem die Hand geben.

So sieht der Bewegungsablauf bei der Rückhand aus.

Möglichkeiten für den Griff bei der Vorhand. Von oben: Griff von oben, viel Kontrolle durch stützenden Zeigefinger, alternative Möglichkeit (eher ungewöhnlich, aber dennoch recht weit verbreitet), Powergrip mit viel Kraft und weniger Kontrolle

Die Vorhand (Sidearm)

Die Vorhand ist eigentlich einer der leichtesten Würfe. Er ist viel unkomplizierter als die Rückhand und doch ist dieser Wurf am Anfang sehr ungewohnt. Die Körperhaltung des Menschen ist anders und auch der Wurf unterscheidet sich grundlegend von der Rückhand. Ein Anfänger braucht zunächst einige Übung, bis er die Vorhand beherrscht, dann aber ist sie der beliebteste Wurf. Auch bei Seminaren sind die meisten überrascht, wie einfach der Wurf ist – wenn man weiß, wie er geht.

Der Griff

Beim Griff gelten dieselben Kriterien wie bei der Rückhand: Je offener die Stellung der Finger in der Scheibe ist, desto mehr Kontrolle erhält man. Je enger Zeige- und Mittelfinger zusammenstehen und im Rand liegen, desto mehr Kraft bekommt man, wobei man wieder Kontrolle einbüßt.

Die von der Hand abgewandte Seite der Scheibe ist nach unten abgekippt.

Wie bei der Rückhand wird der Daumen benutzt, um das Frisbee fest zu greifen, während der Ringfinger am Rand der Scheibe anliegt. Die Scheibe sollte nun fest in eurer Hand sein und sich nicht hin und her bewegen lassen. Liegt die Scheibe nicht fest genug in der Hand, führt dies zu einem Flattern der Scheibe.

Körperhaltung

Die Körperhaltung ist ganz anders als bei der Rückhand. Bei Rechtshändern ist die linke Schulter vorne und die Hüfte etwas in Richtung des Ziels gedreht. Die Füße stehen etwa schulterbreit auseinander und die Beine sind leicht gebeugt, damit der Körper sicheren Halt hat.

Nehmt euren Arm zurück, bis er etwa am hinteren Bein ist und ihr das Gewicht leicht nach hinten verlagert habt. Der Unterarm sollte etwa parallel zum Boden sein, wobei die Außenkante der Scheibe abgekippt wird und die Scheibe etwa einen 45-Grad-Winkel zum Boden einnimmt.

Wichtig bei diesem Wurf ist, dass die Scheibe die meiste Energie durch den Spin (Schnappen aus dem Handgelenk) gewinnt, da der Arm nur eine kurze Strecke zurücklegt. Versucht nicht, euren Arm in Wurfrichtung weiterschwingen zu lassen! Er sollte schlagartig etwa auf Hüfthöhe stoppen. Ideal ist eine peitschenartige Bewegung. Schwingt der Arm weiter als bis zur Hüfte, wird die Außenkante der Scheibe angehoben und die Scheibe fliegt eine Kurve.

Durch die recht kurze Bewegung kommt es beim Freigabepunkt sehr leicht zu Abweichungen und die Flugrichtung ändert sich. Am Anfang lässt man meist die Außenkante beim Abwurf hochschnellen und unterstützt das Bestreben des überstabilen Frisbees. Dies führt zu einem unkontrollierten Wurf mit einer starken Linkskurve. Die Scheibe fliegt nach links und endet in einem Roller.

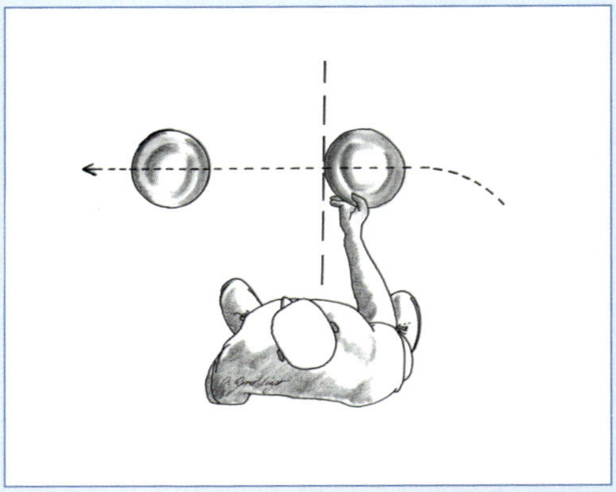

Körperhaltung bei der Vorhand: kurzes Ausholen auf der eingezeichneten Linie, Abwurf an der gestrichelten Linie

So sieht die Vorhand für den menschlichen Spielpartner von vorne aus, wobei hier der Wurf in Richtung Kamera erfolgt.

Anfängertipps

Bei starken Problemen mit der Vorhand hat es sich bewährt, erst einmal eine andere Griffart anzuwenden. Legt euch die Scheibe mit dem Rand auf den angewinkelten Mittelfinger. Der Zeigefinger wird nun ganz leicht auf die Oberkante gelegt. Ihr habt nun fast keine Kontrolle und müsst wie vorher nur nach eurem Gefühl ausholen und dadurch die Scheibe in eine waagerechte Position bringen. Die Scheibe wird dabei ausschließlich durch die Fliehkraft in die waagerechte Position gebracht. Nun lässt man die Scheibe nur über den Mittelfinger nach vorne flitschen. Probiert dies einige Male aus, bis die Scheibe mit ausreichend Spin fliegt.

Beim Heber wird die Scheibe durch zwei bis drei Finger von unten gestützt.

Heber

Der Heber ist beim Hundefrisbee der wohl wichtigste Wurf für die ganz kurzen Distanzen. Er wird für Vaults und Overs sowie Würfe bis zu einer Entfernung von etwa 4 Metern verwendet und hilft auch dabei, den Hunden das Fangen aus der Luft beizubringen. Der Unterschied zu einer normalen Rückhand liegt darin, dass der Heber sehr wenig bis gar keine Vorwärtsbewegung besitzt, wodurch er langsamer fliegt und in der Luft schwebt.

Die Haltung der Scheibe ist ähnlich wie bei der Rückhand, wobei sich die Finger nicht im Rand der Scheibe befinden, sondern alle zur Mitte der Scheibe zeigen.

So sieht der Griff für den Heber von unten aus.

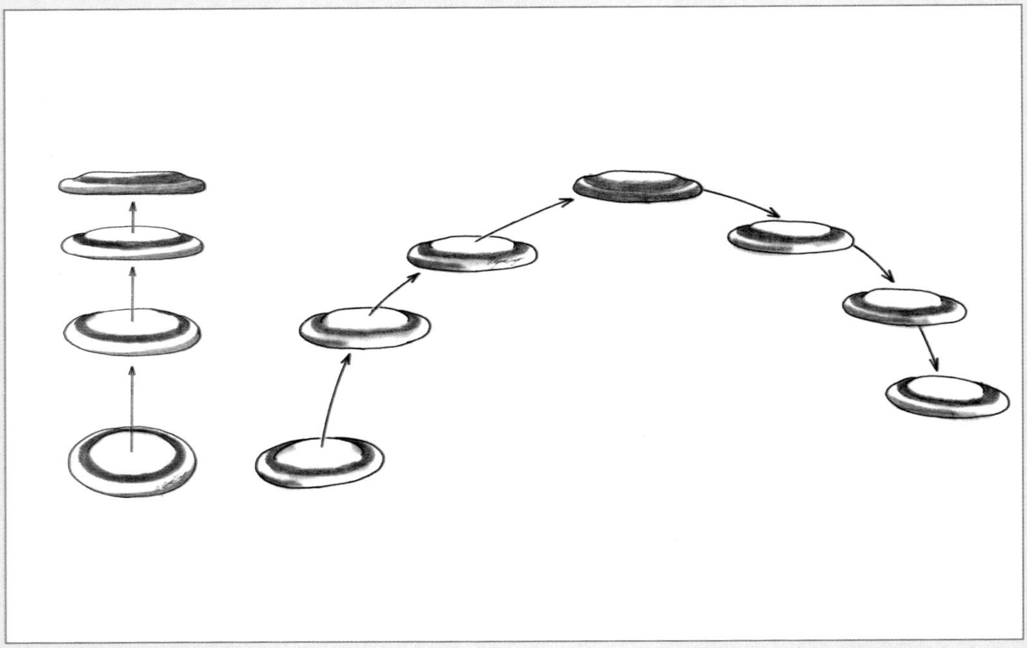

Zwei Varianten des Hebers
Links: nach oben für erste Catches aus der Luft oder für Over und Ähnliches
Rechts: nach vorne für langsamere Hunde oder Anfängerhunde

Diese Wurfbewegung setzt sich aus zwei Komponenten zusammen. Durch ein Drehen der Scheibe bekommt diese Rotation und durch eine Aufwärtsbewegung des Armes wird die Scheibe über die Finger nach oben gedrückt, wobei ihr etwas Energie für eine Seitwärtsbewegung mitgegeben wird.

Ziel ist, dass die Scheibe völlig waagerecht in der Luft bleibt und somit ein langes Gleiten erreicht wird. Sollte die Scheibe an einer Seite abkippen, gehen diese Gleiteigenschaften verloren, da sich unter der Scheibe kein ausreichendes Luftpolster aufbauen kann.

Als Vorübung empfiehlt es sich, die Scheibe waagerecht vor den Körper zu halten und dann zu versuchen, sie mit der Wurfhand auf der Stelle zu drehen und sie wieder zu fangen. Sobald sich die Scheibe waagerecht in der Luft dreht, kommt neben der Rotationsbewegung nun die Aufwärtsbewegung hinzu. Die Finger der Wurfhand drücken die Scheibe leicht nach oben. Das Frisbee sollte sich nun auf der Stelle auf und ab bewegen, wobei es durch die Rotation stabilisiert wird.

Werft die Scheibe mit der Zeit immer ein bisschen höher. Die Bewegung ähnelt sehr derjenigen eines Pizzabäckers, der seinen Teig in die Luft wirft und wieder auffängt. Wenn man die Scheibe etwa bis in Kopfhöhe werfen kann und sie waagerecht in der Luft bleibt, kann man nun beginnen, eine Vorwärtsbewegung hinzuzunehmen. Die Scheibe bekommt nun die Flugbahn einer umgekehrten Parabel.

Zur eigenen Kontrolle kann man die Scheibe auf einen ebenen Untergrund werfen. Falls die Scheibe ganz flach zu Boden sinkt und ohne zu kippen oder rollen liegen bleibt, war die Flugbahn richtig. Sollte sie auf dem Boden angekommen wegrollen oder stark taumeln, war die Flugbahn nicht korrekt. Diesen Wurf kann man in fast jeder Lebenslage üben: abends auf der Couch, beim Busfahren, wo man will. Übung macht den Meister.

So wird die Scheibe für den Roller festgehalten. Das Logo der Scheibe zeigt nach außen.

Roller

Der Roller ist vermutlich der einfachste Wurf, der eigentlich gar keiner ist. Die Scheibe wird gehalten wie bei der Rückhand, wobei sie fast senkrecht auf dem Arm steht. Dabei muss die Scheibe etwas in Richtung ihrer Unterseite abkippen.

Zum Erlernen dieses Wurfes empfiehlt es sich, in die Knie zu gehen. Der Wurfarm wird angewinkelt, wobei die Scheibe ihre Stellung nicht ändert.

Beim Wurf wird der Arm gestreckt und die Scheibe bekommt ihren erforderlichen Spin durch die Handgelenksbewegung. Der Wurf sollte etwa in einem Winkel von 30 Grad zum Boden erfolgen, damit die Scheibe nicht zu hart aufsetzt und ihre Energie nicht beim Aufprall verloren geht.

Da die im Hundefrisbee verwendeten Scheiben ihren Schwerpunkt etwas zur Oberseite hin versetzt haben, empfiehlt es sich, die Scheibe beim Abwurf leicht (etwa 20 Grad) nach links geneigt zu halten, um einer Kreisbahn nach rechts entgegenzuwirken und somit einen möglichst langen Geradeauslauf zu erhalten.

Aus dieser Position heraus erhält die Scheibe durch Ausdrehen des Armes nach vorne Spin – und schon rollt sie.

Neben der Scheibenhaltung wie bei einer Rückhand gibt es bei den Rollern eine Vielzahl von anderen Grifftechniken wie zum Beispiel bei der Vorhand. Oder ihr stellt die Scheibe einfach auf den Boden und rollt sie mit der Hand wie einen Hula-Hoop-Reifen. Denkt dabei immer an die Neigung: Die Scheibe muss in Richtung Unterseite leicht abkippen.

Anfangs neigen manche Werfer dazu, mit zu viel Kraft abzuwerfen und diese Kraft vor allem in den Boden zu investieren, erkennbar an einem hörbaren „kawumm" beim Aufprall der Scheibe auf den Boden. Eventuell falsch stehende Hunde könnten eine so geworfene oder besser gedonnerte Scheibe abbekommen und danach die Lust auf das Frisbeespielen verlieren. Richtig ist es, die angewandte Kraft auf die Vorwärtsbewegung zu konzentrieren. Der Aufsatzpunkt, also der Punkt, an der die Scheibe den Boden berührt, kann ruhig 2 bis 6 Meter vom Werfer entfernt liegen!

Oft wird das Logo der Scheibe nach innen genommen (bei Rechtshändern nach links weisend) und der Daumen in den Innenrand gelegt. Man kann die Scheibe auch so rollen, sie muss aber dann stark in Richtung Unterseite der Scheibe abgekippt werden, um nicht fast augenblicklich abzudriften. Bei Anfängern gilt: Logo der Scheibe nach außen!

Take

Als Take bezeichnet man eine Scheibe, die vom Hund aus der Hand des Menschen genommen wird, ohne dass sie fliegt. Der Take ist ein wichtiges Element beim Training von Overs, Vaults

Over übers Bein mit einem Take. Flame zeigt hier, dass ein gutes Sprungtraining vorausgegangen ist.

und körpernahen Flips (siehe unten). In dem Moment, in dem der Hund in die Scheibe beißt, wird sie losgelassen.

Haltet die Scheibe beim anfänglichen Üben von Overs als Take upside down, also mit der Unterseite nach oben. Dadurch lernt der Hund ausreichend hoch abzuspringen (siehe dazu auch „Springen lernen“ im folgenden Kapitel).

Wenn ihr beim Üben mit einem Take arbeitet, achtet darauf, die Hand mit der Scheibe absolut ruhig zu halten und sie nicht wegzuziehen. Der Hund soll seinen Absprungspunkt finden und dafür muss die Scheibe am selben Ort bleiben. Das Wegziehen der Scheibe ist eine der größten Fehlerquellen, deshalb darauf besonders achten!

Overhand Wristflip (Überhandwurf)

Im Gegensatz zu den anderen Würfen liegen die Finger nun nicht mehr an der Unter-, sondern auf der Oberseite der Scheibe. Der Daumen befindet sich auf der Unterseite und liegt vorne im Rand der Scheibe.

Bei dieser Variante habt ihr einen sicheren Griff, der dazu führt, dass die Scheibe viel Spin bekommen kann. Bei diesem Griff kann man den Overhand Wristflip auch sehr gut über größere Distanzen werfen.

Einige Werfer halten diesen Wurf auch mit dem „Hamburger-Griff“. Stellt euch vor, die Scheibe ist ein Hamburger und ihr haltet den Burger zusammen, um gleich hineinzubeißen. Lasst nun mit der linken Hand los. Die rechte Hand hält die

Griff für den Overhand Wristflip von oben, unten und vorne gesehen

Scheibe nun im Hamburger-Griff. Dieser Griff hat den Nachteil, dass die Scheibe nicht so fest und sicher in der Hand liegt. Dadurch ist sie bei vielen Werfern instabil. Probiert aus, was am besten passt.

Beim Rechtshänder steht beim Werfen der linke Fuß zunächst vorne, dann macht man einen leichten Ausfallschritt, bei dem die Füße etwa 45 Grad nach rechts gedreht sind. Wenn der rechte Fuß vorne steht, blockiert man sich selbst das Schultergelenk und der Arm des Werfers wirkt beim Abwurf wie ein Chicken Wing.

Der Wurf wird über beziehungsweise auf Höhe der Schulter ausgeführt. Der Wurfarm ist leicht gebeugt und macht eine Vorwärtsbewegung, die hinter dem Körper beginnt und auf Höhe der Schulter endet. Den Spin erhält die Scheibe wie bei der Vorhand fast ausschließlich aus dem

Aushol- und Abwurfpunkt für den Overhand Wristflip

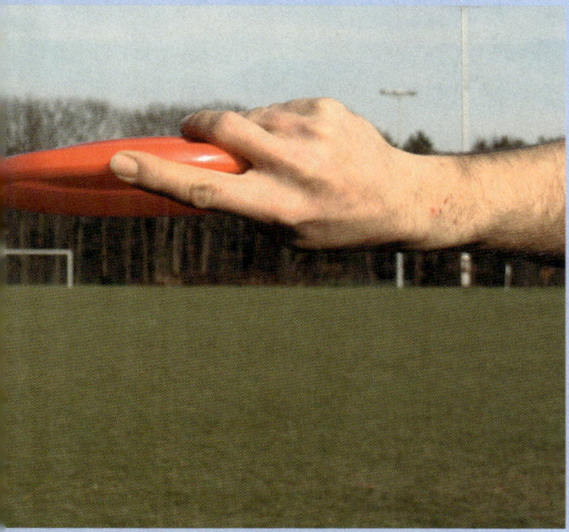

Wurfbewegung beim Overhand Wristflip

Handgelenk, da der Arm nur eine sehr kurze Strecke zurücklegt.

Bei diesem Wurf handelt es sich wieder um einen Wurf mit Linksrotation (Abkippen der Scheibe im Flug nach links), der man mit einem Abkippen der Außenkante der Scheibe nach rechts entgegenwirken muss. Die Wurfbewegung muss schlagartig auf Höhe der Schulter des Wurfarmes enden. Ein späterer Freigabepunkt und ein eventuelles Überklappen des Handgelenkes würde zu einer Verstärkung der Linkskurve führen und somit zu einer unkontrollierten Flugbahn.

Der Overhand Wristflip bereitet den meisten Anfängern zunächst Probleme wegen der ungewohnten Abwurfhaltung. Da hilft nur üben, üben, üben und mal ein Seminar zu besuchen. Oder fragt beim örtlichen Frisbeeclub an, die helfen auch oft gerne weiter.

Butterfly

Der Butterfly ist der einzige Wurf, bei dem die Scheibe nicht um den Mittelpunkt rotiert, sondern sich um ihre eigene x- oder y-Achse dreht.

Der Butterfly ist ein recht schwieriger Wurf. Es erfordert etwas Übung, bis die Scheibe nicht schlingert, sondern sich sauber um die eigene Achse dreht.

Bei der abgebildeten Haltung liegt die Scheibe auf der einen Hand flach auf. Die zweite Hand wird von unten gegen den Rand geschlagen, während die haltende Hand gleichzeitig nach unten wegbewegt wird. Wenn ihr die Bewegung richtig ausgeführt habt, dreht sich die Scheibe recht schnell auf der Stelle um ihre eigene Achse. Sie fällt also rotierend zu Boden.

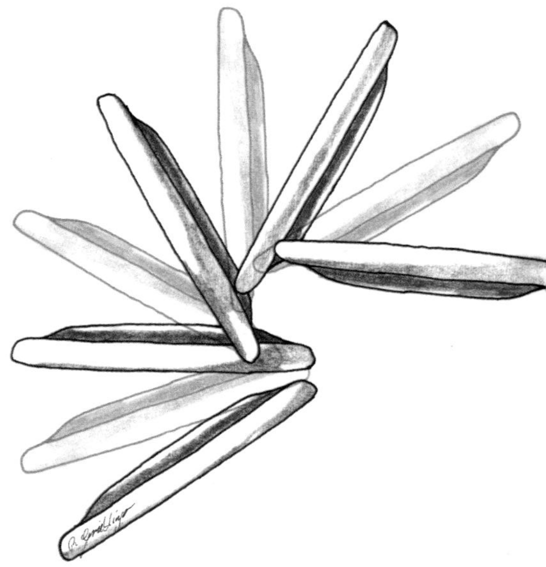

So bewegt sich die Scheibe beim Butterfly.

Beim Butterfly rotiert die Scheibe um diese Achse.

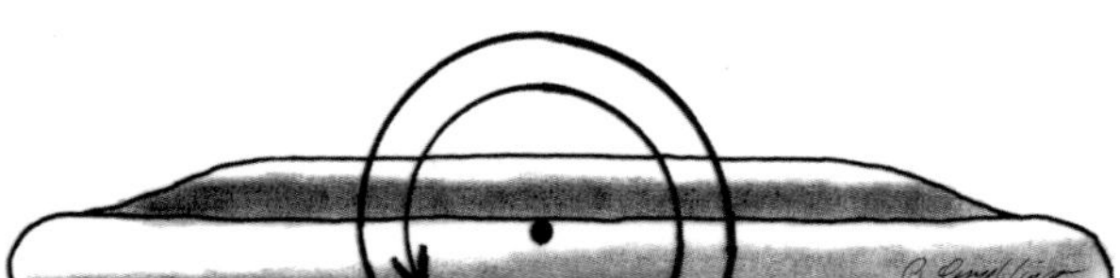

Wenn ihr ein Gefühl für diese Bewegung und die Rotation der Scheibe entwickelt habt, könnt ihr mit unterschiedlichen Griffvarianten anfangen.

Bei beiden Griffarten ist es wichtig, dass ihr die Hand auf einer geraden Linie bewegt und dass sich das Handgelenk nicht nach rechts oder links verdreht.

Neben den gezeigten Griffvarianten ist die Auswahl bei den Butterflys nahezu endlos, was auch auf ihre Ausführung zutrifft. Was sich dreht, ist erlaubt, achtet aber darauf, dass die Scheibe nur um eine Achse rotiert.

Der Butterfly ist für den Hund ein recht schwieriger Wurf, da sich die Scheibe sehr schnell dreht und in der Regel auch noch auf ihn zu bewegt.

Dieser Griff ist weit verbreitet, birgt aber einige Schwierigkeiten. Da die Scheibe durch die Hand nicht gut gestützt ist, kommt es beim Abwurf schnell zu einer Mischbewegung und die Scheibe rotiert nicht mehr sauber um eine Achse, sondern um beide, und fängt somit an, unkontrolliert zu schlingern.

Für uns hat sich dieser Griff sehr bewährt. Durch die breite Auflagefläche in der Hand ist die Scheibe sehr gut stabilisiert und man hat einen günstigen Abwurfpunkt.

Beginnt am Anfang sehr vorsichtig, damit der Hund sich nicht erschreckt. Denkt immer daran: Das ist die erste Scheibe für den Hund, hinter der er nicht herlaufen muss. Um zu testen, wie der Hund auf einen Butterfly reagiert, kann man ihn zunächst absitzen lassen und den Butterfly etwa 1 Meter vor ihm durchführen. Sichere Hunde versuchen sofort die Scheibe zu fangen und unsichere können so behutsam an die ungewöhnliche Scheibenbewegung herangeführt werden.

Tipps für den Anfang

Solange der Hund noch sehr unsicher ist, wenn der Butterfly fliegt, zunächst nicht weiter trainieren, sondern Zerrspiele machen und beim Spiel die Scheibe langsam auf den Hund zu bewegen und das Auslösesignal geben. Es kann bei manchen Hunden auch helfen, den Butterfly vom Hund wegzuziehen, also ihn quasi in Laufrichtung des Hundes zu werfen.

Zerrt nach den ersten erfolgreich gefangenen Butterflys mit dem Hund. Die Bestätigung mit einem langen Wurf hat sich nicht bewährt, da viele Hunde den Butterfly nicht mehr ernsthaft zu fangen versuchen, sondern schon mal lossprinten, um die lange und damit für den Hund attraktivere Scheibe zu fangen.

Showtipps für Fortgeschrittene

Man kann den Butterfly auf vielerlei Arten in die Freestyle-Kür mit einbeziehen. Beherrscht der Hund es, auf zwei Beinen zu stehen, kann man dies mit einem Butterfly abschließen oder den Butterfly mit einer zweiten Scheibe schlagen, die man sehr schnell danach für den Hund wirft.

Auch Overs kann man mit diesem Wurf werfen, Ron Watson zeigt mit Rockaleiei einen Butterfly Dog Catch, wir machen Butterfly Backvaults. Aber: Diese Variationen dürfen wirklich nur unter erfahrener Anleitung oder von Profis ausprobiert werden. Seid kreativ und erfindet neue Variationen!

Upside Down

Bei diesem Wurf fliegt die Scheibe, wie der englische Name schon sagt, mit der Oberseite nach unten. Im Gegensatz zu den anderen Würfen wird die von der Hand abgewandte Seite der Scheibe (also die Außenkante) nicht nach unten, sondern etwa in einem 45-Grad-Winkel nach oben gehalten. Die Flugbahn der Scheibe lässt sich sehr stark durch Abwurfwinkel, Spin und Scheibenwinkel zum Boden variieren.

Der „Hammer“

Dies ist eine spezielle Form des Upside Down. Die Scheibe wird gehalten wie bei der Vorhand, und zwar rechts neben beziehungsweise etwas über den Kopf. Die Abwurfrichtung der Scheibe beträgt etwa 30 Grad nach oben. Bei diesem Wurf handelt es sich wieder um eine Technik, bei der dem Wurfarm fast keine Bedeutung zugemessen wird und die ganze Energie lediglich aus dem Handgelenk kommt.

So wird für den „Hammer“ ausgeholt.

Die Scheibe wird vom Gefühl her in den Himmel, also vorwärts und nach oben abgeworfen. Klappt man nun den Wurfarm aus, bekommt die Scheibe dabei Spin wie bei der Vorhand. Die Flugbahn der Scheibe unterscheidet sich von normalen Würfen, da sie erst nach oben steigt, sich dann in der Luft stabilisiert und nach einer kurzen Schwebephase parallel zu Boden gleitet.

Upside Down als Rückhand

Besonders leicht fällt den meisten Anfängern, diesen Wurf als Rückhand zu werfen. Stellt euch dabei hin, als würdet ihr eine normale Rückhand werfen. Dreht die Scheibe nun genau andersherum, sodass euer Daumen im Rand der Scheibe liegt. Klappt nun den Arm aus bis zu dem Punkt,

Flugbahn des Upside-Down-Wurfes

Griff für den Upside Down als Rückhand geworfen

Beim Abwurf muss die Scheibe eine Tendenz nach vorne bekommen.

an dem ihr abwerfen wollt. Der Arm ist gerade ausgestreckt, ohne das Handgelenk zu überklappen, die Außenkante der Scheibe zeigt fast steil nach oben. Klappt nun den Arm ein, ohne dass die Scheibe in einem anderen Winkel zum Boden zeigt (nicht vor der Brust einrollen oder den Arm verdrehen). Zum Abwerfen klappt den Arm nach oben vorne aus und gebt mit dem Handgelenk Spin auf die Scheibe. Sie fliegt nun wie beim „Hammer".

Kippt die Scheibe zu einer Seite hin ab und landet in einem Bogen, dann war vermutlich die Außenkante der Scheibe nicht hoch genug. Dies passiert bei Anfänger häufig, da meist der Arm zum Abwurf verdreht wird. Es ist wirklich ganz einfach: ausklappen, einklappen, ausklappen!

Pancake

Der Pancake unterscheidet sich von allen bisher beschriebenen Würfen, da wir keinen richtigen Griff haben, sondern die Scheibe nur auf der Hand liegt.

Sinn beim Pancake ist es nicht, dass die Hand die ganze Scheibe ausfüllt und diese dadurch gehalten wird. Sie liegt vielmehr wie ein Tablett auf der Hand und die Finger im Rand führen die Scheibe.

Die rechts oben gezeigte Variante, bei der die Scheibe auf dem Daumen und kleinen Finger aufliegt, hat sich bewährt, da hierbei eine etwas bessere Kontrolle als bei der unten gezeigten Variante vorhanden ist.

Verschiedene Möglichkeiten, den Pancake zu halten

Übt zunächst einmal, diesen Wurf als Vorhand zu werfen. Legt die Scheibe auf die Hand, sodass kleiner Finger und Daumen im Rand liegen. Stellt euch nun hin, als wolltet ihr eine normale Vorhand werfen, die Scheibe parallel zum Boden. Lasst nun die Scheibe über den kleinen Finger nach vorne schnellen. Dafür müsst ihr mit dem Arm ausholen wie bei der Vorhand, nur der Griff der Scheibe ist anders. Diese Übung beherrschen die meisten Werfer sehr schnell. Der Pancake kann als Vorhand sehr attraktiv sein: Unter dem Bein geworfen, rückwärts und so weiter – es gibt auch hier viele Möglichkeiten.

Versucht als nächsten Schritt, den Pancake als Rückhand zu werfen. Stellt euch dafür wie zur Rückhand auf und lasst die als Pancake gehaltene Scheibe über den Daumen nach vorne schnellen. Wenn die Scheibe nach rechts abkippt, war der Außenrand zu hoch. Beide Würfe erfordern einige Übung.

Der Pancake wird üblicherweise mit einem schwierig anmutenden Bogen eingeleitet. Zu Übungszwecken empfiehlt es sich, die Scheibe auf die Hand zu legen und dann zu versuchen, mit dem Arm große Kreise zu beschreiben, bei denen man versucht, die Scheibe auf der Hand zu halten, ohne dass sie zu Boden fällt.

Wenn ihr nun beginnt, die Showeinleitung zu üben, achtet vor allem darauf, dass die Oberseite der Scheibe immer oben bleibt. Mit dem Griff könnt ihr die Scheibe nämlich nicht festhalten, wenn die Oberseite zu Boden zeigt – es sei denn, ihr habt riesige Hände.

Bewegungsablauf eines hinter dem Rücken abgeworfenen Pancake inklusive showträchtiger Einlage

Wenn die einfachere Variante unter dem Bein durch gut fliegt, kann man den Pancake auch sehr gut hinter dem Rücken her werfen oder als Vorhand von vorne nach hinten unter dem Bein durch.

Showtipp

Sehr gut sieht es aus, wenn der Werfer nach dem Abwurf des Pancake hinter dem Rücken noch eine weitere Drehung macht. Dadurch entsteht ein schönes Team Movement.

Brush/Kick

Beim Brush beziehungsweise Kick wird die Scheibe nicht von der Hand aus abgeworfen, sondern nach einem Heber oder ähnlichen kurzen Würfen mit der Hand weggeschlagen oder mit dem Fuß weggetreten.

Vorübung für den Brush von unten

Zu Beginn empfiehlt es sich, erst einmal mit einer gehaltenen Scheibe zu üben. Legt die Scheibe auf die Hand (hoch oder tief gehalten) und versucht sie wegzuschlagen. Streift seitlich an der Scheibe vorbei und gebt ihr dabei Rotation. Dabei solltet ihr gleich darauf achten, auf welcher Seite ihr die Scheibe trefft. Bei einem Rechtshänder dreht sich ein Heber im Uhrzeigersinn. Um diese Scheibe zu brushen, müsst ihr die schon vorhandene Rotation unterstützen, also die linke Außenkante der Scheibe streifen. Dafür muss euer rechter Arm vor eurem Körper kreuzen.

Für Theoretiker: Der Brush sollte sich etwa so aufteilen, dass ein Drittel der Energie in die Vor-

Vorübung für den Brush von unten

wärtsbewegung und zwei Drittel in Rotation umgesetzt werden. Anfangs wird euch der Wurf vielleicht Probleme machen. Meistens schlägt man viel zu hart oder zu frontal vor die Scheibe. Nach einigen Versuchen kann einem auch die Handfläche ganz schön wehtun. Aber: Immer wenn es wehtut, war etwas verkehrt.

Erst wenn ihr es schafft, dass sich die Scheibe gut dreht und vorwärts bewegt, solltet ihr versuchen, die Scheibe zu werfen, um sie dann zu schlagen. Hierfür kommen zwei verschiedene Würfe infrage: Als Erstes der Heber, der zuvor so geübt sein muss, dass die Scheibe gerade in die Luft steigt. Der Heber muss nicht besonders viel Spin haben! Den Spin bekommt er nun durch das vorher geübte Brushen.

Anfangs kann es passieren, dass die Scheibe immer recht schnell zu Boden sinkt. Deshalb ist es auch oft leichter, mit der anderen Methode zu beginnen: Hierfür wird der Wurf seitlich neben sich platziert. Dabei soll die Scheibe mit der Nase nach oben neben dem Körper des Werfers in der Luft stehen und wird nun, anders als bei der oben genannten Variante, von unten gebrusht. Der Vorteil dieser Technik: Durch die nach oben gerichtete Nase der Scheibe fliegt sie in der Vorwärtsbewegung auch im leichten Bogen nach oben, abhängig davon, wie stark die Nase der Scheibe nach oben zeigte.

Der Werfer hat mehr Platz, um die Scheibe zu schlagen. Durch die von unten ausgeführte Brush-Bewegung bleibt auch mehr Zeit, weil der Arm nach dem Abwurf nicht nach oben geführt werden muss.

Man kann den Brush auf vielerlei Arten variieren, zum Beispiel durch die Art, wie der Heber geworfen wird, unter dem Bein oder als Spin Up (siehe unten), oder auch wie viel Show der Mensch in den gut funktionierenden Brush einflicht. Es sieht zum Beispiel gut aus, wenn sich der Werfer nach dem Brush noch einmal um sich selbst dreht. Dadurch fängt der Hund mit etwas Training genau

Brush von unten mit geworfener Scheibe. Durch die Perspektive ist nicht so gut zu erkennen, dass die Scheibe seitlich vom Werfer in der Luft steht.

Hier wird die Scheibe getreten.

dann, wenn der Werfer die Drehung beendet hat. Manche begabte Werfer erlernen den Brush in zehn Minuten, andere brauchen Wochen.

Wenn man den Brush beherrscht, ist es nur ein kleiner Schritt zum Kick. Beim Kick wird die Scheibe mit dem Fuß weggetreten. Hierbei tritt sehr häufig der Fehler auf, dass die Scheibe zu voll getroffen wird. Achtet auch hierbei darauf, dass ihr das richtige Maß zwischen Rotation und Vorwärtsbewegung findet. Die Scheibe sollte mit dem Außenrist des Fußes getroffen werden. Fußballer sind hier klar im Vorteil, allen anderen stehen während der Trainingszeit einige „Autsch" bevor, wenn man versehentlich mit dem Knöchel oder dem Zeh trifft.

Scheibenhaltung für den Thumbthrow

Thumbthrow

Bei diesem Wurf wird die Scheibe über den Daumen abgeworfen. Der Daumen liegt fest im Rand und der Rest der Hand umgreift die Scheibe.

Griff für den Thumbthrow

Beim Werfen ist es wichtig, die Außenkante der Scheibe nach unten zu halten. Der Oberkörper muss hierzu etwas zur Seite verlagert und abgekippt sein. Auch bei diesem Wurf findet eine Ausholbewegung mit dem Arm statt, der Spin kommt durch eine schlagartige Bewegung des Handgelenkes zustande.

Man kann diesen Wurf auch variieren: Unter dem Bein werfen, eine Drehung des Werfers einflechten – findet heraus, was euch und eurem Hund am besten gefällt.

Spin Up

Der Spin Up ist eine Art Heber. Die Scheibe wird mit beiden Händen gehalten. Für Anfänger ist dies meist die einfachste Art, den Heber zu werfen. Je mehr die Arme vor dem Abwurf vertwistet werden und je schneller dies zum Wurf aufgelöst wird, umso mehr Spin bekommt ihr auf die Scheibe. Damit kann dieser Wurf für ein Over genauso verwendet werden wie zum Hochdrehen der Scheibe. Die Möglichkeiten sind unendlich. Man kann diese Griffart auch für Würfe verwenden. Erlaubt ist, was fliegt!

Griff für den Spin Up

So gerade sollte die Scheibe beim Spin Up in der Luft stehen.

Der Spin Up sollte möglichst waagerecht geworfen werden und etwas in der Luft schweben. Während die Scheibe durch die Hände in Rotation versetzt wird, erhält sie durch das Strecken der Arme eine Aufwärtskomponente.

Versucht den Spin Up zu Beginn nur gerade nach oben auszuführen und auf Vorwärtsbewegungen zu verzichten. Erst wenn er sicher und stabil fliegt, solltet ihr versuchen, dem Spin Up eine Richtung zu geben. Hierzu bewegt man in der Wurfbewegung die Arme lediglich in die gewünschte Richtung.

Showtipp für Mädels

Bewegt die Arme nach dem Loslassen der Scheibe weiter nach außen und lasst sie dort für ein bis zwei Sekunden stehen. Gerade für ein Over kann dies gut aussehen, denn wenn das Timing stimmt, sind die Arme des Werfers ausgebreitet, während der Hund überspringt. Aber: Arme hochreißen gibt nicht unbedingt Extrapunkte und sollte zum Team passen. Bei manchen Teams sieht es toll aus.

Scheibenhandling

Hundefrisbee ist ein schneller Sport, bei dem mehrere Frisbees zum Einsatz kommen. In einigen Wettkämpfen ist die Höchstzahl der erlaubten Scheiben zehn Stück. Deswegen ist es besonders wichtig, diesen Stapel an Scheiben

Sortieren der Scheiben

kontrollieren zu können und sie jederzeit griffbereit zu haben. Hierzu werden die Scheiben ineinander gelegt, sodass eine Art Fächer entsteht.

Werden die Scheiben so gehalten wie auf den Bildern gezeigt, ist es nun möglich, immer das untere Frisbee herauszuziehen und die anderen weiterhin sicher in der Hand zu halten.

Halten von mehreren Scheiben

Die Scheiben werden immer von unten aus dem Stapel genommen.

Variationen

Im Hundefrisbee sind der Kreativität keine Grenzen gesetzt und somit auch nicht den Wurftechniken. Die Vielfältigkeit an Wurftechniken und deren Variationen ist nahezu endlos. Jeder Wurf kann in verschiedenen Richtungen und Stellungen ausgeführt werden: hinter dem Bein, hinter dem Rücken, zwischen den Beinen und, und, und …

Damit eine Variation gelingt, muss man sich Gedanken machen, wie der jeweilige Wurf fliegt. Ist es mir möglich, in dieser Position die Scheibe richtig zu halten, stimmt der Griff und kann ich Vorwärtsbewegung erzeugen? Sind diese Faktoren erfüllt, steht dem nichts im Wege.

Die gleichen Variationen, wie man sie bei der Rückhand werfen kann, sind ohne weiteres auch mit der Vorhand möglich.

Rückhand unter beiden Beinen durch, hinter dem Rücken oder nach hinten abgeworfen – erlaubt ist, was fliegt!

Vorhand nach vorne unter dem rechten Bein durchgeworfen

Vorhand rückwärts geworfen in Hüfthöhe. Man kann auch rückwärts durch die Beine werfen oder nach hinten unter einem angehobenen Bein hindurch.

Vorhand zwischen beiden Beinen nach vorne abgeworfen

Neben den reinen Variationen der Wurftechniken gibt es noch eine Menge Schnickschnack, der neben den reinen Würfen mit der Scheibe durchgeführt werden kann. Viele Elemente sind dem Menschen-Freestyle entnommen und für Hundefrisbee abgewandelt worden.

Diese Elemente dienen dazu, eine Freestyle-Kür interessanter zu gestalten und die Zeiten, in denen der Hund hinter einer Scheibe herläuft oder zurückkommt, zu überbrücken.

So kann man die Scheibe in einer anderen drehen, um diese dann im richtigen Moment wieder aufzunehmen und die Kür fortzusetzen.

Wie schon gesagt, eurer Fantasie sind keine Grenzen gesetzt, nur eurem Hund. Achtet darauf, alle Elemente so zu trainieren, dass die Scheibe sicher und kontrolliert fliegt, bevor ihr euren Hund dazunehmt.

- **Fehler:** Scheibe fliegt immer zu hoch und kommt dann zurück.
  Korrektur: Nase der Scheibe war zu hoch. Nase absenken.
- **Fehler:** Die Scheibe kippt immer nach rechts ab.
  Korrektur: Außenkante der Scheibe war zu hoch. Senken.
- **Fehler:** Scheibe fliegt beim Rückhandwurf (Rechtshänder) nach links.
  Korrektur: Kante war zu tief. Anheben.
- **Fehler:** Upside Down hat keine Flugphase, kommt schräg zum Boden auf.
  Korrektur: Außenkante der Scheibe war zu niedrig. Höher nehmen.

Die Scheibe rollt über den Körper (Bodyroll), um dann gefangen oder gebrushed zu werden.

Trainingsaufbau mit dem Hund

Der Hund ist alt genug und hat die Kontrolluntersuchung beim Tierarzt hinter sich. Die geeigneten Hundefrisbeescheiben sind da, das Werfen habt ihr schon ohne Hund gut trainiert: Jetzt kann es losgehen!

Motivationsaufbau

Zunächst muss der Hund mit der Scheibe vertraut gemacht werden. Eine Scheibe unterscheidet sich vom normalen Hundespielzeug wie Bällchen, Seil

Sabrina mit dem Australian Shepherd Faible beim Zerrspiel. Ihr Arm ist angewinkelt, um dosiert nachzugeben, wenn der Hund zerrt.

und Ähnlichem. Verwendet am Anfang die weichsten Scheiben, die ihr bekommen könnt, zum Beispiel die Super Flex Fastback® oder sogar eine Stoffscheibe. Nehmt anfangs immer zwei gleiche Scheiben!

Zunächst einmal wird mit der ersten Scheibe „nur“ gespielt. Auf keinen Fall dürft ihr eurem Hund das Spielzeug in den Fang stecken oder damit vor seiner Schnauze hin und her wedeln. Bückt euch, damit das Spielzeug über den Boden flitzt, und spielt dem Hund vor, dass es eine fliehende Beute ist. Lasst ihn dabei über eure Beine klettern, hinter eurem Rücken lauern, unter den Beinen herkrabbeln und so weiter. Er soll sich richtig Mühe geben, die Beute zu erwischen. Damit ihm das auf Dauer Spaß macht, ist es wichtig, dass ihr die Spielbeute so von ihm wegbewegt, damit er eine Chance hat, sie durch Einsatz, Schnelligkeit oder indem er euch austrickst, zu erwischen.

Hat er das Spielzeug im Fang, nehmt es ihm auf keinen Fall wieder weg. Zerrt mit ihm: Vorbild für das Zerrspiel mit dem Hund ist das Spiel der Hunde untereinander. Beobachtet Hunde beim Beutestreiten: Da wird geschüttelt (aber bitte nur horizontal und nicht auf und ab), versucht einer dem anderen durch ruckartiges Ziehen die Beute aus dem Fang zu reißen (nicht mit den Flex oder Fastback Discs) oder verstärkt einer seinen Festhaltegriff, indem er an einem günstigen Punkt festhält oder versucht, die Bissfläche des Gegners durch Nachfassen zu verkleinern.

Spielt genauso variabel mit eurem Hund. Dabei ist es wichtig, dass der Mensch sich dem Hund nicht als übermächtiger Gegner präsentiert. Wenn euer Hund ruckt und schüttelt, gebt immer etwas nach. Haltet die Ersatzbeute anfangs nur mit zwei Fingern fest, sodass der Hund eine reelle Chance hat, euch die Beute zu entreißen. Lasst ihn gewinnen, wenn er sich sehr engagiert gezeigt hat.

Rennt der Hund mit seiner Beute weg, entfernt euch von ihm, am besten mit der sportlichen Variante: wegrennen. Die meisten Hunde rasen hinterher und tragen die eroberte Beute dabei im Fang. Bringt der Hund seine Spielbeute mit, lobt ihn überschwänglich. Dann zieht eine zweite Spielbeute aus der Tasche und beginnt, ohne den Hund zu beachten, damit zu spielen. Bald wird er kommen, um die zweite Beute zu verfolgen. Nehmt bei Gelegenheit unauffällig die erste Beute auf und packt sie weg.

Beutetausch, statt den Hund zu frustrieren, das ist die Devise (siehe auch Abschnitt „Apportieren"). Wie lange dieser Motivationsaufbau dauert, ist von Hund zu Hund unterschiedlich. Das Ziel ist erreicht, wenn der Hund sich für die Scheiben interessiert und ganz begeistert ist, sobald er sie sieht.

Jetzt ist es Zeit für die ersten Roller und das Fangen aus der Luft.

Auslöser trainieren

Es ist ganz wichtig, dem Hund gleich ein Signal beizubringen, auf das hin er sich die Scheibe schnappt. Welches Hörzeichen man benutzt, ist unerheblich. Wir selbst machen ein Geräusch wie „Tschschk". Dieses Geräusch erfolgt immer dann, wenn wir beginnen, die Scheibe vom Hund wegzubewegen und wenn er hineinbeißt. Dadurch trainiert man gleich zwei wichtige Dinge: Der Hund lernt, nicht einfach in die Scheibe zu beißen, ohne dass ein Signal gegeben wurde, und man hat ein Hörzeichen, das man im folgenden Training immer wieder benutzen kann. Im weiteren Verlauf dieses Buches wird diese Übung als Auslöser bezeichnet.

Fehler vermeiden

In der Praxis hat es sich herausgestellt, dass es nicht sehr sinnvoll ist, die Scheiben sofort zu rollen oder zu werfen. In Einzelfällen mag das funktionieren, aber es birgt einige Risiken.

Hunde mögen die länger geworfenen Scheiben am liebsten. Solange der Hund nur mal eine Scheibe fangen soll, kann man versuchen, mit Rollern oder (vorher geübten) Würfen anzufangen. Dies birgt aber die Gefahr, dass der Hund kurze Würfe ignoriert und eher die langen Würfe einfordert, da die Motivation des Hundes nur auf die fliegende Scheibe gefestigt wurde.

Wer Freestyle spielen möchte, sollte eher den Weg über das Zerren mit der Scheibe wählen und die Motivation auf die Scheibe festlegen.

Motivationsprobleme

Einige Hunde tun sich schwer, von einer guten Bällchenmotivation auf die ungewohnte Frisbeescheibe umzusteigen. Zunächst ist es wichtig, nicht sofort aufzugeben und dann doch mit dem Bällchen zu spielen. Wie schon erwähnt, fängt man das Training am besten mit den weichsten Scheiben an, die es gibt.

Ralph versucht Australian Shepherd Flame die Scheibe zu klauen, aber Flame ist schon im Ansprung.

Möchte der Hund gar nicht mit der Scheibe zerren, kann man auch zunächst den Roller versuchen. Das Wiedererkennen der Situation mit der sich wegbewegenden Beute führt oft dazu, dass die Hunde doch Interesse zeigen. Sollte der Hund aber nur der Scheibe nachlaufen und – sobald er dort angekommen ist – lustlos wieder zurückkehren, darf er auf keinen Fall mit der zweiten Scheibe wieder animiert werden.

Steht der Hund ratlos (oder auch: motivationslos) bei der Scheibe, versucht dem Hund die Scheibe abzujagen. Geht oder besser rennt mit freundlichem Gesichtsausdruck zur Scheibe hin und schnappt sie ihm vor der Nase weg.

Viele Hunde nehmen die Scheibe auf, bevor der Hundeführer sie bekommt. In diesem Fall rennt sofort vom Hund weg in Richtung zweite Scheibe. Die meisten Hunde werden die erste Scheibe dann im Fang mitbringen.

Ist der Hund trotz Wegschnappversuchen nicht interessiert, spielt noch eine Weile selbst mit der Scheibe, bevor ihr sie wegsteckt. Spielt eine ganze Woche nicht mit anderen Spielzeugen. Um die Motivation zu steigern, kann es bei einigen Hunden sinnvoll sein, sie anzuleinen und dann beim Spiel zwischen zwei Menschen zusehen zu lassen.

Der Hund darf nicht mit der Scheibe allein spielen. Das Frisbee soll etwas Besonderes sein, das ausschließlich für das Spiel zwischen Mensch und Hund da ist.

Bei anhaltenden Motivationsproblemen verweisen wir auf entsprechende Literatur zum Thema Spielen. Manche Rassen wie zum Beispiel Herdenschutzhunde sind nur selten zum Spiel mit dem Menschen zu animieren.

Aufwärmen

Alle Hunde, die Sport treiben, müssen eine gute Kondition besitzen. Deshalb sollte die Kondition des Hundes durch ein gezieltes Training aufgebaut werden. Gezieltes Training heißt: Spazierengehen mit Toben, am Rad laufen, beim Joggen mitlaufen und so weiter. Im Sommer kann der Hund auch schwimmen. Dies schont den Bewegungsapparat und fördert den Konditionsaufbau.

Vor jedem Training muss der Hund aufgewärmt werden. Dadurch wird die Muskulatur besser durchblutet und mit Sauerstoff versorgt. Zusätzlich steigt die Körpertemperatur und die Reibung der Muskeln und Sehnen aneinander nimmt ab. Durch die Bewegung wird vermehrt Gelenkschmiere produziert, wodurch der Gelenkknorpel elastischer wird. Durch ein sinnvolles Aufwärmtraining wird das Verletzungsrisiko gesenkt und gleichzeitig die Gefahr langfristiger Verschleißerkrankungen des Bewegungsapparates vermindert. Je besser ein Hund trainiert ist, umso schneller ist er aufgewärmt. Untrainierte Hunde müssen besonders sorgfältig aufgewärmt werden.

Ein Aufwärmtraining kann so aussehen:

1. Phase: gemeinsames Joggen in langsamem Tempo für mindestens zehn Minuten

2. Phase: Bewegungs- und Dehnungsübungen etwa fünf Minuten lang

Folgt der Hund einem im Kreis geführten Leckerchen, sowohl links- als auch rechtsherum, wird die Rückenmuskulatur gedehnt. Ist der Rücken des Hundes nicht sehr elastisch, kann man den Hund in die Grundstellung „Bei Fuß“ bringen, sodass er Kontakt zum Bein hat, und ihn dann mithilfe eines Leckerchens nach außen führen, wobei er seine Position halten soll. Dieselbe Übung wird auch auf der anderen Seite ausgeführt. Man kann den Hund auch unter dem angewinkelten Bein durchkriechen lassen und ihn danach mit einem Leckerchen zum langsamen Hochkommen bewegen. Dabei werden Vorder- und Hinterbeine sowie der Rücken gestreckt. Praktisch ist natürlich, wenn man das Strecken des Körpers zum Beispiel durch ein Clickertraining schon trainiert hat. Slalom durch die Beine dehnt den Rücken und kann hier auch eingesetzt werden.

3. Phase: flache Scheiben werfen, die der Hund fangen kann, ohne springen zu müssen, etwa zwei Minuten lang

Danach ist der Hund gut aufgewärmt und kann mit dem Frisbeespielen beginnen! Wurde der Hund für ein Turnier oder eine Show aufgewärmt, können die in Phase 2 beschriebenen Dehnungsübungen den Hund warm halten. Bei Kälte sollte der Hund durch eine Decke oder Ähnliches geschützt werden.

Flame dehnt sich nach der ersten Aufwärmphase auf Kommando.

Cool Down

Hundefrisbee ist ein Sport, der Spaß machen soll. Ihr solltet niemals den Hund nur zum Üben aus dem Auto holen und danach wieder wegpacken. Nach dem Spielen muss der Hund die Gelegenheit haben, sich noch eine Weile trabend auszulaufen. So werden Stoffwechselprodukte besser abtransportiert. Die Atemfrequenz sinkt wieder und die Muskelspannung wird verringert. Der Cool Down ist beendet, wenn der Hund dieselbe Atemfrequenz hat wie vor der sportlichen Belastung.

Aus der Luft fangen

Erst wenn der Hund gerne mit der Scheibe spielt und zerrt, beginnt man damit, ihn an das Fangen aus der Luft zu gewöhnen. Hierbei solltet ihr unbedingt Folgendes beachten:

- Die Scheibe nicht auf den Hund zuwerfen.
- Keine langen, weiten Würfe ausprobieren, bei denen der Hund immer zu langsam ist.

Dann geht es los: Wenn ihr Rechtshänder seid, nehmt die Scheibe in die rechte Hand für einen normalen Rückhandwurf. Den Hund setzt ihr links von euch hin, damit er einen kleinen Anlauf hat.

Bewegt dann die Scheibe in der Hand nach rechts weiter und gebt dem Hund ein Signal zum Losrennen (Auslöser). Der Hund soll hinter der zunächst immer noch in der Hand gehaltenen Scheibe hergehen und sie sich halb aus der Luft schnappen. Wenn das klappt, ist es Zeit, mit dem Werfen zu beginnen. Dem Hund wird nun ein Heber in Laufrichtung geworfen. Dieser Heber

Der erste Wurf in den Lauf

Ein Take in den Lauf von Flame

soll zunächst so fliegen, als ob die Scheibe noch gehalten wird. Nach jedem gefangenen Wurf wird der Hund ausgiebig gelobt. Dann könnt ihr beginnen, die Scheibe etwas weiter zu werfen, aber immer in Laufrichtung des Hundes.

Erst wenn das Fangen aus der Luft klappt, verlängert ihr den Wurf allmählich, aber immer vom Hund weg, niemals auf ihn zu! Auch später ist es wichtig, dem Hund die Scheibe in Laufrichtung zu werfen. Denn fliegt die Scheibe gegen die Laufrichtung des Hundes, muss er sich verdrehen, Haken schlagen und so weiter, um noch an die Scheibe zu gelangen. Dabei verdreht er seinen Rücken, was bei längerer Belastung zu Rückenproblemen führen kann. Das abrupte Abstoppen und der schnell erfolgende Richtungswechsel sind vermeidbare Belastungen des Tieres.

Hunden, die auf Kommando um den Menschen herumlaufen können („Fuß"), kann man dieses Signal geben und die Scheibe abwerfen, während der Hund sich hinter dem Menschen befindet. So kann der Hund die Wurfrichtung beobachten und ist auch schon in dieser Richtung unterwegs. Dabei läuft der Hund im Uhrzeigersinn um den Menschen herum.

Bei Linkshändern ist es sinnvoll, dem Hund beizubringen, gegen den Uhrzeigersinn herumzulaufen, damit er den Flug der Scheibe nach dem Abwurf verfolgen kann.

Fehler vermeiden

Die meisten Fehler passieren bei den ersten Würfen, weil es dem Werfer nicht gelingt, in die Laufrichtung des Hundes (also seine Blickrichtung) zu werfen und sich gleichzeitig auf den Wurf zu konzentrieren. Kommt dazu noch ein aufgeregter Hund, der vor dem Werfer auf und ab hüpft, ist das Chaos perfekt.

Golden Retriever Jana ist um Sabrina herumgelaufen und kann nun sehen, wohin die Scheibe fliegt.

Bewahrt Ruhe, dreht euch so, dass der Hund vor euch passiert, um die Scheibe zu bekommen, und werft nicht ab, solange der Hund ein Verhalten zeigt, das nicht erwünscht ist wie zum Beispiel Hochspringen oder Bellen (siehe auch Zeichnung im Abschnitt „Passing" im folgenden Kapitel). Denn ein Wurf, der dann erfolgt, bestätigt dieses Verhalten des Hundes und er wird es in Zukunft öfter zeigen. Und einen Hund, der vor dem Werfen bellt und hüpft, wollt ihr ja nicht.

Übt das Werfen so lange, bis ihr fast nicht mehr darüber nachdenken müsst, wie man die Scheibe hält und wie man abwirft, und nehmt erst dann den Hund dazu. Einen aufgeregten Hund, der keine Motivationsprobleme hat, könnt ihr direkt von Anfang an mit dem Abrufen von ihm bekannten Übungen kontrollieren, zum Beispiel den Hund „Sitz" machen lassen und dann erst werfen. Hunde mit Motivationsproblemen werden durch solche Übungen eher gebremst.

Bellt der Hund wie verrückt, sobald er die Scheibe sieht, ist erst mal ein Geduldstraining für den Besitzer angesagt: Ignoriert den Hund, bis er nicht mehr bellt. Schaut ihn dabei nicht an und übt nur in Gebieten, wo ihr niemanden stört.

Springen lernen

Es gibt zwei Möglichkeiten für den Hund, die Scheibe zu fangen: entweder mit einem Sprung, bei dem der Hund vom Boden abhebt, oder ohne Sprung, indem er den flach geworfenen Frisbee aus dem Lauf heraus fängt.

Beide Arten haben Vor- und Nachteile:

- Hunde, die nicht nach dem Frisbee springen, fangen in der Regel sicherer. Jüngere Hunde, alte Hunde oder sehr schwere Hunde können so Frisbee spielen, ohne springen zu müssen.
- Hunde, die nach dem Frisbee springen, neigen manchmal dazu, unter dem Frisbee durchzuspringen. Es sieht attraktiver aus, wenn ein Hund nach der Scheibe springt. Allerdings müssen diese Hunde lernen, richtig zu springen. Bei einem richtigen Sprung landet der Hund nach dem Fangen des Frisbees auf allen vier Pfoten oder auf der Vorderhand. Wünschenswert ist zwar eine Landung auf allen vier Pfoten, aber auch eine Landung auf der Vorderhand ist in Ordnung, wenn der Hund ausgewachsen und nicht gerade ein Schwergewichtler ist. Die Landung auf der Vorderhand ist ein natürlicher Bewegungsablauf, denn so springt ein Hund auch über Hindernisse.

Manche Hunde neigen dazu, bei der Landung auf der Hinterhand zuerst aufzukommen. Dies ist auf Dauer nicht gesund. Aber man kann dem Hund das richtige Springen beibringen.

Hier zunächst einmal die Beschreibung des schlechten Sprunges: Der Hund stößt sich mit der Hinterhand ab und steigt annähernd senkrecht in die Luft. Der Kopf ist dabei nach oben gerichtet auf das Ziel. Ist das Ziel, also die Scheibe, erreicht, landet der Hund mit der Hinterhand zuerst am Boden, danach setzen die Vorderbeine auf. Ursache dafür ist, dass der Hund beim Sprung nicht den Kopf nach unten nimmt. Täte er dies im Moment der Flugphase, landete er auf allen vier Pfoten. Bei einem guten Sprung springt

Der altdeutsche Hütehund Luna macht es vor: So sehen eine perfekte Flugbahn und eine gute Landung aus, hier beim Over über das Bein.

der Hund etwas höher, als die Scheibe fliegt, senkt beim Fangen oder während der Flugphase den Kopf und landet auf allen vier Pfoten oder auf der Vorderhand.

Auch beim Abfedern des Sprunges kann man kontrollieren, ob der Hund zu hoch gesprungen ist. Bei einer korrekten Sprunghöhe federt der Hund den Sprung problemlos ab. Berührt der Körper des Hundes jedoch fast den Boden, war der Sprung zu hoch.

Was kann man tun, damit der Hund seinen Kopf während des Sprunges nach unten nimmt? Hier die Methoden, mit denen wir gute Erfahrungen gemacht haben:

Hunde, die bereits im Agility trainiert wurden, sind in der Regel schon gut vorbereitet. Sie springen meist vom ersten Fangen an gut und landen korrekt auf allen vier Pfoten oder auf der Vorderhand, weil sie Erfahrungen im Springen haben. Beim Sprung über eine Hürde lässt der Hund die Hinterhand nicht herunterhängen und wenn seine Blickrichtung sowie das Weiterlaufen nach dem Sprung in gerader Linie erfolgen, setzt er auch richtig auf. Also hilft manchmal ein Hürdentraining, wenn der Hund oft falsch landet. Beginnt mit flachen Hürden. Dies sollte unter Anleitung eines erfahrenen Trainers erfolgen.

Um das richtige Springen anzutrainieren, hilft es bei den meisten Hunden, die Scheibe mindestens zwei Wochen lang nur upside down zu werfen. Beim normalen Scheibenwurf steht der Rand der Scheibe nach unten, dadurch ist es dem Hund möglich, die Scheibe auch von unten mit herunterhängender Hinterhand zu fangen. Beim Upside-Down-Wurf steht der Rand des Frisbees nach oben. Dadurch muss der Hund von oben

Hier stößt Cattle Dog Wursti die Scheibe weg, weil sie versucht hat, sie durch einen zu flachen Sprung und ein zu steiles Hochgehen zu erwischen.

nach der Scheibe greifen und nimmt den Kopf während des Sprunges nach unten, wodurch er automatisch richtig landet.

Für extreme Schlechtspringer sollte ein neuer Bewegungsablauf geübt werden. Während aller beschriebenen Sprungübungen darf nicht zwischendurch normal Frisbee gespielt werden, erst soll der Hund die neue Sprungtechnik lernen:

Lasst den Hund sitzen und stellt euch so zum Hund auf, dass er in gerader Linie vor euch herlaufen würde. Streckt das Bein gerade aus (nicht zu hoch, also Standbein absenken oder auch bei der Übung auf den Boden setzen). Haltet das Frisbee upside down (also mit der Unterseite nach oben) über das Bein, und zwar so hoch, dass der Hund es nur mit Mühe erreichen kann.

Jetzt hat Wursti den Bogen raus – sie springt über den Rand der Scheibe.

Jana übt das Over über ein Bein. Sabrina hält die Scheibe upside down, damit der Hund gut springt.

Jetzt bekommt der Hund das Signal zum Fangen der Scheibe. Dabei bleibt das Frisbee in eurer Hand. Ist der Hund schon abgesprungen, senkt die Scheibe nach unten ab. Dadurch nimmt der Hund den Kopf, während er in der Luft ist, nach unten und landet mitsamt Frisbee auf allen vier Pfoten. Der Hund sollte beim ersten Versuch die Scheibe noch nicht erwischen dürfen. Ist er gut abgesprungen, wird er nach der Landung mit einem Zerrspiel oder mit einem Roller bestätigt.

Beim nächsten Mal haltet die Scheibe etwas niedriger. Der Hund darf sie nun erwischen. Haltet sie wieder als upside down und gebt dem Hund das Auslösesignal. Bis der Hund in die Scheibe beißt, darf sie nicht bewegt werden. Die meisten Menschen neigen dazu, die Scheibe vom Hund wegzuziehen. Dadurch kann der Hund den Absprungspunkt nicht rechtzeitig genug bestimmen und wird zu spät oder falsch abspringen.

Wenn der Hund die Scheibe im Maul hat, senkt die Scheibe noch während der Flugphase ab, aber folgt dabei der Flugbahn des Hundes, um eine Belastung seiner Halswirbelsäule zu vermeiden. Kurz vor der Landung wird die Scheibe losgelassen.

Wechselt beide Arten von Übungen ab und trainiert diesen neuen Bewegungsablauf mindestens zwei Wochen lang. Wenn ihr danach mit dem Werfen beginnt, werft noch eine Zeit lang Upside Downs. Mit dieser Methode haben bisher alle Hunde ein sauberes Springen erlernt.

Achtung!
Es gibt Hunde, die extrem hoch springen, um das Frisbee zu fangen. Dies in Kombination mit schlechten Landungen kann gefährlich für den Hund sein! Manche Hunde haben fast keine Kontrolle bei den Landungen und grätschen aus. In diesem Fall bitte kein Frisbee mit dem Hund spielen, sondern sich erst beim erfahrenen Trainer Hilfe holen.
Manchmal werden diese Probleme durch Gelenkserkrankungen verursacht, deshalb ist auch ein Besuch beim Tierarzt oder bei einem gut ausgebildeten Hundephysiotherapeuten sinnvoll.

Auch ein falsches Timing beim Werfen der Scheibe kann dazu führen, dass der Hund schlecht springt. Oft wird die Scheibe zu spät geworfen, der Hund ist zu schnell, läuft fast unter die Scheibe und springt dann danach. Bei diesen Sprüngen schrauben sich manche Hunde steil in die Luft, um die Scheibe noch zu erwischen. Auch Scheiben, die im 45-Grad-Winkel zur Laufrichtung des Hundes geworfen werden, verleiten dazu, schlecht zu springen.
Zu hoch geworfene Scheiben veranlassen Hunde, unkontrolliert zu springen. Deshalb sollte man, solange die Würfe noch nicht sicher genug fliegen, ohne Hund spielen, um mehr Kontrolle über das Sprungverhalten des Hundes zu bekommen.

Apportieren

Für den Frisbeesport ist es wichtig, dass der Hund sicher apportiert und wieder auslässt. Deshalb sollte von Anfang an schon beim Motivationsaufbau darauf geachtet werden.

Wie schon im entsprechenden Kapitel beschrieben, sollte man mit dem Hund zunächst mit der Scheibe spielen. Beim Zerren ist es sehr wichtig, den Hund nach einem gespielten Kampf gewinnen zu lassen, also die Scheibe loszulassen. Rennt der Hund mit der eroberten Scheibe davon, lauft ihr sofort in die andere Richtung. Der Hund wird folgen, wenn man sich sofort und überzeugend schnell von ihm entfernt.

Hunde, die jetzt nicht nachkommen, kann man versuchen über eine lange Leine zu kontrollieren. Achtet beim Einsatz von Schleppleinen darauf, dass diese weich und nicht zu dünn sind, damit es, falls der Hund sich mal versehentlich einwickelt, nicht zu Verletzungen des Tieres kommt. Angeleint kann der Hund nichts anderes tun, als zu folgen.

Ist der Hund auf einige Meter herangekommen, zeigt man die schon vorher eingesteckte andere Scheibe und beginnt selbst damit zu spielen. Die Scheibe wird animiert, also hüpft über den Boden, macht womöglich noch Geräusche, fällt „versehentlich" runter, sodass man sie schnell wieder aufhebt. Der Fantasie sind keine Grenzen gesetzt. Hierbei ist nur zu beachten, dass sich die zweite Scheibe immer (!) vom Hund wegbewegt und der Mensch keinen Versuch unternimmt, dem Hund die erste Scheibe abzunehmen.

Wenn der Hund die erste Scheibe fallen lässt, folgt ein weiteres Zerrspiel. Spielt insgesamt aber nur so lange, wie der Hund noch hoch motiviert ist. Dann nehmt ihm beide Scheiben durch eine List ab und beendet so das Spiel.

Sobald der Hund die erste Scheibe mitbringt, um mit der zweiten zu spielen, und freiwillig auslässt, beginnt man damit, den Hund Roller apportieren zu lassen. Er wird freudig hinter dem Roller herlaufen und ihn vielleicht auch schon aus dem Rollen aufnehmen. Danach folgt alles wie beim Beutespiel, also Entfernen vom Hund und die zweite Scheibe zum nächsten Roller einsetzen, sobald er die erste Scheibe mitgebracht und auch ausgelassen hat.

Sabrina läuft schnell mit der zweiten Scheibe weg und Faible folgt freudig.

Fällt die Scheibe aus dem Rollen zu Boden, ist es manchmal sehr schwierig für einen Anfängerhund, die Scheibe aufzunehmen. Dies wird bei einem motivierten Hund zwar etwas dauern (die meisten Hunde scharren, fiepen, stellen sich auf die Scheibe und versuchen sie dann hochzunehmen), aber es wird klappen. Lasst dem Hund die Zeit, die er braucht! Nicht helfen, denn sonst wird er die Scheiben demnächst vielleicht liegen lassen, wenn sie verkehrt herum landen, und auf Hilfe warten.

Manche Hunde haben Probleme, die erste Scheibe beim Spiel mit mehreren Scheiben schnell genug loszulassen. Die Ursachen dafür können vielfältig sein, genauso wie die Lösungsansätze:

- Oft wurde mit dem Hund trainiert, dass er Gegenstände, wie etwa den Ball, nur in die Hand abgibt. Dann ist es anfangs schwierig für den Hund, die Scheibe einfach fallen zu lassen. Bei diesen Hunden hat es sich bewährt, einfach so lange ruhig stehen zu bleiben, bis sie freiwillig loslassen. Dann erfolgt sofort der nächste Wurf. Nach einigen Wiederholungen hat der Hund verstanden, worum es geht.
- Manche Hunde wollen die Scheibe nicht gerne hergeben. Ob hier ein Problem in der Mensch-Hund-Beziehung vorliegt, der Hund vielleicht gelernt hat, dass er dann manchmal vom Menschen gejagt wird (kann viel Spaß

machen), oder dass er nicht gelernt hat, gerne abzugeben, sollte dann geklärt werden. Bei Problemen in der Mensch-Hund-Beziehung empfiehlt es sich, erst einmal eine gute Hundeschule zu besuchen.

- Hinter dem Hund herzulaufen, während dieser etwas im Fang hat, kann zwar lustig sein, ist aber für das Apportieren eher kontraproduktiv. Denn der Hund lernt, dass es Freude macht, Gegenstände vom Menschen wegzutragen. Gleichzeitig kann dies auch unsere Autorität schmälern, vor allem, wenn das Nachjagen gezeigt wird, nachdem der Hund eigentlich zurückkommen oder apportieren sollte.

Verwendet beim Training zunächst nur zwei Scheiben. Wenn der Hund mit beiden gerne spielt, werden nach und nach immer mehr Scheiben dazugenommen. Diese Methode hilft auch dem Werfer allmählich zu lernen, mit immer mehr Scheiben zu hantieren.

Loslassen der Scheibe

Sobald der Hund die erste Scheibe sicher zurückbringt, arbeitet an einem deutlichen Sichtzeichen für das Auslassen. Manchmal muss der Hund die Scheibe in die Hand abgeben, meist aber muss er sie mehr oder weniger weit vom Hundeführer entfernt auslassen.

Bewährt als Sichtzeichen zum Auslassen hat sich ein kurzes Absenken der zweiten Scheibe, die sich in eurer Hand befindet. Der Hund versteht das meist sehr schnell, denn er weiß, dass mit der Bewegung der zweiten Scheibe das Spiel weitergeht.

Bei manchen Hunden ist es unnötig, mit einem Sichtzeichen für das Loslassen zu arbeiten, da sie die Scheibe zuverlässig mitbringen und selbstverantwortlich fallen lassen. Beobachtet euren Hund! Bringt er die Scheiben nicht mit oder bringt er sie mit, lässt sie aber nicht los, solltet ihr ein kontrolliertes „Aus" auf ein Sichtzeichen hin einüben. Habt ihr das Glück, dass euer Hund die Scheibe zuverlässig bringt und selbst zum richtigen Zeitpunkt auslässt, freut euch! Dann ist kein weiteres Training nötig.

Benutzt einen Clicker und bestätigt nach dem Click mit einem schnellen Roller. Wenn der Hund die Bedeutung des Clicks als Sekundärverstärker verstanden hat, benutzt den Clicker beim Auslassen. Wartet ab, bis der Hund von allein loslässt, clickt in derselben (!) Sekunde und werft sofort danach einen Roller. Der Roller ist schneller zu werfen als jeder Wurf und der Hund wird dadurch für das erwünschte Verhalten – das Loslassen – zeitnah und effektiv bestätigt.

Das Schlagen mit der Scheibe nach dem Hund gehört in die Kategorie der „No Ways". Der Hund soll Spaß am Spielen haben und der vergeht ihm gründlich, wenn er mit den Scheiben geschlagen oder beworfen wird.

Der Hund fängt, aber apportiert nicht

Oft ist dieses Problem selbst antrainiert, weil zu früh mit zu vielen Scheiben gespielt und die Motivation auf die Scheiben nicht genug festgelegt wurde. Dadurch werden vor allem fliegende Scheiben interessant, die Scheibe selbst ist eher weniger wichtig.

Eine Lösung ist folgende:

Beginnt mit dem Motivationsaufbau von vorne, also zerren, gewinnen lassen, tauschen, wieder zerren, und lasst jegliches Werfen sein. Nach einigem Training beginnt ihr mit einem sehr kurzen Roller (etwa 5 Meter). Legt den Hund eventuell vorher an eine lange Leine. Verfolgt der Hund den Roller, lauft selbst mit. Beißt er in die Scheibe, bewegt euch 1 bis 2 Meter vom Hund weg. Behält er die Scheibe im Maul, zerrt mit der Scheibe, die er mitgebracht hat.

Der Hund lernt, dass die gerollte Scheibe wichtig ist, denn wenn er sie zurückbringt, wird mit ihr gezerrt. Nach einigen Wiederholungen bringen die meisten Hunde die Scheibe wieder. Dann ist der erste Schritt geschafft.

Nun ist es besonders wichtig, wieder zum Spiel mit zwei Scheiben zu wechseln. Bringt der Hund die erste Scheibe wieder und erhofft sich das Zerrspiel, geht ein Spiel mit der zweiten Scheibe los. Beginnt noch nicht sofort damit, die Scheiben wieder zu werfen, lasst euch lieber einige Tage lang Zeit, bis der Hund verstanden hat, dass sich das Zurückbringen der Scheibe lohnt.

Nun wird das Zerren mit der gebrachten Scheibe variiert: Mal zerrt ihr mit dem Hund mit der ersten Scheibe, die er bringt, mal mit der zweiten Scheibe. Sobald das klappt, nehmt immer drei Scheiben in die Hand, wobei eine Scheibe in der Hand verbleibt. Denn manche Hunde lernen, die Scheibe nur zurückzubringen, wenn keine weitere Scheibe in der Hand ist. Dadurch, dass immer eine Scheibe zu Trainingszwecken in der Hand verbleibt, wird dem entgegengewirkt: Der Hund weiß nie, mit welcher Scheibe gezerrt wird. Deshalb ist es für ihn sinnvoll, jede Scheibe wiederzubringen.

Der Hund fängt nur jede zweite Scheibe und beachtet die anderen nicht

Dieses Problem kann die unterschiedlichsten Ursachen haben. Hier die gängigsten und einige Lösungsvorschläge dazu:

Meist wurde der Hund versehentlich bestätigt, als er Scheiben nicht gefangen hat. Werden Scheiben für den Hund so geworfen, dass er sie nicht fangen kann, werden nicht sicher beutemotivierte Hunde sie nach einigen Versuchen nicht mehr verfolgen wollen. Es macht einfach weniger Spaß, die Scheibe vom Boden aufzuheben, als sie in der Luft zu fangen. Hat der Werfer dann Verständnis für den Hund und wirft eine andere Scheibe, wird der Hund für dieses Verhalten bestätigt und wird zukünftig jede Scheibe ignorieren, die er als verloren ansieht. Lasst den Hund also jede Scheibe wiederbringen! Verweigert der Hund das Apportieren, beendet das Spiel.

Wenn es für euren Hund häufiger nicht möglich ist, die Scheibe zu fangen, arbeitet erst an eurer Wurftechnik. Manchmal wurde auch zu lange nur mit einer Scheibe gespielt, dann hilft der neue Motivationsaufbau.

Interessanterweise ignorieren manche Hunde immer die zweite oder dritte Scheibe. Bei diesen Hunden hilft meist dies: Fahrt wenn möglich mit dem Auto an eine Wiese. Nehmt mehrere Scheiben und werft. Verfolgt der Hund die Scheibe, wird er verbal gelobt („Prima") und dann die nächste Scheibe geworfen. Verfolgt er die Scheibe nicht, sagt gar nichts, lasst die Scheiben fallen und bringt den Hund ins Auto. Alternativ kann man den Hund auch an einem Baum anleinen. Übt nun selbst werfen, ohne den Hund zu beachten. Nach etwa zehn Minuten versucht dasselbe noch einmal. Verweigert der Hund wieder seine Scheibe, was bei den ersten Übungen sehr wahrscheinlich ist, beendet das Spiel wieder sofort. Nehmt euch die Zeit, es kann dauern, bis der Hund verstanden hat, dass er nicht weiterspielen kann, wenn er diese Scheibe nicht fängt. Es ist enorm wichtig, dass man nicht zwischendurch wieder das Verhalten bestätigt und doch eine weitere Scheibe wirft, obwohl der Hund eine verweigert hat.

Der Hund lässt die Scheibe immer fallen, wenn ich mich bücke, um Scheiben aufzusammeln

Achtet darauf, dass der Hund sich gar nicht erst angewöhnt, die erste Scheibe fallen zu lassen, wenn ihr euch nach einer Scheibe, die am Boden liegt, bückt. Das kann später zu Problemen beim Apportieren führen. Achtet also auf den Hund und lässt er die Scheibe fallen, wenn ihr euch bückt, fordert ihn auf, die Scheibe zu bringen. Tut er dies nicht, ist das Spiel zu Ende. Bei manchen Hunden hilft es auch, zwischendurch die gebrachte Scheibe zu werfen, obwohl sich noch Scheiben in der Hand des Werfers befinden.

Küraufbau

Freestyle heißt, man ist bei der Entscheidung, wie man seine Kür aufbaut, frei. Außer dem Wohl des Hundes, das jederzeit beachtet werden muss, gibt es keine Vorschriften zu dem, was man zeigen muss. Hundefrisbee bietet sowohl dem Parkfrisbeespieler als auch dem Turniergänger zahlreiche Möglichkeiten zur eigenen Entfaltung. Entscheidend sind allein die Freude an dem Spiel mit dem Hund und die vielseitige Auslastung des Hundes.

Dennoch geben wir im Folgenden einige Anregungen, stellen vor, welche verschiedenen Elemente es gibt, und bieten einige Ideen und Vorschläge. Dies sind keine Vorschriften, jeder ist völlig frei in dem, was er mit seinem Hund zeigt. Außerdem muss jedes gezeigte Freestyle-Element zum Hund und zum Werfer passen. Man soll sich wohl fühlen beim Spielen und die physischen Voraussetzungen des Hundes beachten.

Die von uns vorgestellten Elemente sind nicht willkürlich festgelegt, sondern wurden auf Turnieren über einen Zeitraum von zehn Jahren beobachtet – zu einer Zeit, als es so etwas wie Elemente noch gar nicht gab. Es wurde festgestellt, dass viele Spieler zum Beispiel einen Dog Catch zeigen, dieser aber auf vielerlei Arten ausgeführt werden kann; dass viele Spieler ein Around the World zeigen, aber die Ausführung variiert; dass ein Zig Zag (siehe unten) vorgestellt wird, ohne dass es Vorschriften über Wurftechniken gibt, und so weiter. Die Elemente sollen also auf gar keinen Fall eine Beschränkung des Freestyles darstellen. Sie dienen als Anregung. Man kann immer neue Elemente erfinden, das ist das Wunderbare an dem Sport. Er bleibt kreativ! Und wenn eure Freestyle-Kür fast keine der genannten Elemente enthält, ist sie deshalb nicht schlechter!

Bei beiden in Europa gerichteten Bewertungssystemen kommt es unter anderem auf die Verwendung verschiedener Wurftechniken an. Eine Kür, die aus einigen Dog-Dancing-Tricks und einer sicher geworfenen Rückhand besteht, wird meist schlechter bewertet als eine Kür mit verschiedenen Wurftechniken. Es gilt also, möglichst alle Techniken, die man beherrscht, in die Kür mit einzuflechten und Tricks mit dem Hund an den Anfang der Kür zu stellen.

Flow und Disc Management

Mit Flow wird die Flüssigkeit der Darbietung bewertet. Unschönes Abstoppen des Hundes, fehlende Übergänge oder auch ein mangelndes Disc Management sind kein guter Flow.

Sieht das bei euch auch eher so aus? Maren und Labrador Bonny zeigen, wie es nicht geht.

Unter Disc Management versteht man die Fähigkeit des Werfers, während der Kür für das Publikum nicht sichtbar Scheiben einzusammeln, während der Hund nach weiteren Scheiben läuft. Nach Regeln der UFO (siehe Kapitel „Turniersport") dürfen während der Freestyle-Kür sieben Scheiben verwendet werden. Es ist sinnvoll, einzelne Segmente mit jeweils vier bis sechs Scheiben zu zeigen, bei denen der Hund relativ nah am Werfer ist, und dann eine lange Scheibe als Abschluss zu werfen. Während der Hund die lange Scheibe verfolgt, kann man schnell die nahe liegenden Scheiben aufsammeln und hat somit keinen Stopp in der Darbietung.

Beim Aufbau von einzelnen Segmenten, den Sets, hilft es, wenn man sich die Einzelelemente notiert. Dann weiß man, für welches Set man wie viele Scheiben benötigt, und kann alle Sets sinnvoll aneinander hängen. Wer zum Beispiel ein Zig Zag zeigt, hat danach mindestens vier Scheiben in fast unerreichbarer Entfernung liegen. Also sollte vorher geplant werden, wie man diese Scheiben am besten aufsammelt, ohne einen Bruch in der Vorführung zu haben. Oder man setzt solche oder ähnliche Sets an das Ende der Freestyle-Kür. Viele erfahrene Frisbeespieler bereiten sich Karten für die einzelnen Sets vor. Auf diesen Karten wird eingetragen, wie viele Scheiben für dieses Set benötigt werden, welcher Wurf oder Move nach dem anderen kommt und so weiter. Hat man einige Karten, also Sets, zusammen, kann man diese sinnvoll aneinander hängen.

Für Perfektionisten: Schreibt euch zusätzlich auf, für welches Set welche Windrichtung günstig ist. Flip-Sets müssen immer mit dem Wind im Rücken des Werfers gespielt werden, da sonst die Scheiben abdriften (siehe Abschnitt „Wind-Management").

Greg Tresan beim Jonglieren mit drei Scheiben

Zum Flow zählt auch, inwieweit sich Mensch und Hund in Harmonie bewegen. Steht der Werfer nur steif da, wird er schlechter bewertet als jemand, der sich auch bewegt. Ein sehr attraktives Element ist es, wenn man mit dem Hund zusammen rennt und dabei Scheiben in seine

Border Collie Y ist von vorne durch die Beine gelaufen. Nun drehen sie und Sabine sich zueinander. Es folgt ein neues Set.

Laufrichtung wirft. Profis können während des Rennens mit den Scheiben jonglieren und einzelne Scheiben während des Jonglierens brushen.

Flow kann auch die Verbindung zwischen Tricks, Scheibenwurf und Fang oder auch der Fluss zwischen den einzelnen Elementen sein, von einem Trick in den nächsten Trick, wie Ron Watson sagt.

Kommt der Hund von einer langen Scheibe wieder und soll danach ein kurzes Set folgen, kann es beispielsweise gut aussehen, wenn der Hund durch die Beine des Werfers läuft und sich beide danach zueinander drehen.

Auch ist es schön, wenn der Hund das Kommando „Home“ beherrscht und er aus dem vollen Lauf rückwärts einparkt. Schafft es der Mensch nun noch, sich währenddessen selbst zu drehen, ist das auch ein schönes Team Movement. Probiert aus, was euch gefällt und was zum Hund passt.

Beim Passing läuft der Hund nah am Werfer vorbei.

Passing/Crosses

Unter einem Passing versteht man das Passieren des Menschen durch den Hund. Der Hund passiert den Menschen, während er hinter zwei oder mehr Scheiben herrennt. Welche Würfe hierfür gewählt werden, ist dem Menschen überlassen.

Ein einfaches Beispiel: Rückhand nach vorne, der Hund lässt aus und folgt einer Vorhand in die andere Richtung. Dabei kann er durch eure Beine laufen oder an euch vorbei „passen".

Fortgeschrittene Passings können durch eine Drehung des Werfers an Attraktivität gewinnen.

Trainingstipps

Das einfachste Passing geschieht gleich am Anfang, wenn man mit dem Hund trainiert: Der Hund bringt die Scheibe wieder und bekommt die nächste Scheibe in Laufrichtung geworfen. Schon hat man das erste Passing! Nun kann man dieses Passieren des Hundes auf vielerlei Arten gestalten. Der Hund kann durch die Beine des Werfers laufen, danach kann man jede nur erdenkliche Wurftechnik anwenden. Anfangs sollte man dieses Element in Ruhe trainieren. Lasst den Hund frontal zu euch sitzen und warten. Stellt euch so breitbeinig hin, dass der Hund bequem zwischen den Beinen durchlaufen kann, und zeigt ihm die Scheibe von hinten durch die Beine. Gebt dem Hund das Signal zum Loslaufen und wartet, bis er durch die Beine gelaufen ist. Werft anfangs einen Roller, der mindestens 1 bis 2 Meter von euch entfernt aufsetzt (gegebenenfalls vorher üben!). Der Grund dafür ist folgender: Um sicherzugehen, dass der Hund durch die Beine geht, muss man anfangs lange warten. Der Hund dreht sich, nachdem er durchgegangen ist, zum Werfer um und ist so häufig nicht in der Lage, eine geworfene Scheibe zu sehen. Den Roller kann er sehen und nach einigen Wiederholungen weiß der Hund, dass immer nach dem Durchlaufen eine Scheibe nach hinten fliegt, und dreht sich nicht mehr zum Werfer. Dann ist es Zeit, mit einem Rückhandwurf anzuschließen.

Auch ein nach hinten geworfener Overhand Wristflip, eine nach hinten geworfene Vorhand und viele andere Wurftechniken sind hier möglich.

Ein Passing für Fortgeschrittene wäre es, wenn man ein Team Movement zusammen mit dem Hund zeigt, während er den Menschen passiert. Der Werfer kann sich zum Beispiel drehen und einen Pancake werfen, danach die Drehung nicht stoppen, sondern sich weiterdrehen. Der Mensch kann sich auch drehen und danach eine Vorhandvariation oder jeden beliebigen Wurf zeigen. Auch hier gibt es keine Vorschriften, nur Anregungen.

Around the World

Darunter versteht man das Herumlaufen des Hundes um den Menschen, während der Hund Scheiben fängt, die ihm in die Laufrichtung geworfen werden. Ein Rechtshänder dreht sich dabei um die rechte Schulter, der Hund läuft im Uhrzeigersinn um ihn herum. Um dies gut für den Hund

Ein schönes Anfänger-Passing: Bonny läuft durch die Beine. Die Scheibe wurde als reverse Rückhand geworfen. Das Timing war perfekt.

Jana beim Around the World. Die letzte Scheibe wurde gerade hinter dem Rücken in ihre Laufrichtung geworfen.

werfen zu können, solltet ihr erst mal konsequent ohne Hund trainieren. Am besten geht das natürlich mit mehreren menschlichen Trainingspartnern, die sich im Kreis um den Werfer stellen und denen die Scheiben zugeworfen werden. Dabei dreht sich der Werfer im Kreis. Erst wenn alle Scheiben dort landen, wo sie hinsollen, wird der Hund dazugenommen.

Besonders wichtig ist dabei, exakt und mit dem richtigen Timing in die Laufrichtung des Hundes zu werfen. Durch ungenaues Platzieren der Scheibe muss sich der Hund verdrehen, um die Scheibe zu erwischen, oder er wird aus dem Kreis nach außen getragen und kann nicht auf einer runden Kreisbahn um den Menschen laufen.

Das Around the World kann auf vielerlei unterschiedliche Arten variiert werden. Ob man verschiedene Wurftechniken verwendet, zusammen mit dem Hund rennt, der Hund ganz nah am Werfer oder weiter entfernt läuft, der Mensch sich in der Mitte während des Werfens dreht, alles ist möglich.

Ein mögliches Multiple: Bonny macht Männchen, während sie schnell zugeworfene Scheiben fängt.

Multiple

Unter Multiples versteht man schnell aufeinander folgende Elemente oder Würfe. Laut amerikanischer Definition sind ein Multiple mindestens drei gefangene Scheiben in schneller Folge („3 catches in rapid succession").

Multiples erfolgen nahe beim Körper des Werfers. Das können schnell geworfene und gefangene Flips sein (Hund fängt die Scheibe, während er sich in der Luft dreht), das einfache schnelle Zuwerfen der Scheibe zum Hund, ein Around the World, das schnell geworfen wird und nahe beim Werfer stattfindet, oder auch alle anderen Elemente, die dem Menschen einfallen.

Manche Spieler jonglieren mit zwei Scheiben, wobei der Hund in eine Scheibe beißt, die ihm sofort aus dem Maul genommen wird, während schon die nächste Scheibe geworfen wird, und so weiter. Merkmale für Multiples sind die schnelle Abfolge, der Fangerfolg und die Nähe zum Körper des Menschen.

Trainingstipps

Das wohl beliebteste Multiple ist das Zuwerfen der Scheibe auf den Hund. Dabei hat der Werfer mehrere Scheiben in der Hand. Anfangs ist es günstig, wenn der Hund das Signal zum Sitzen bekommt. Der Werfer steht nur etwa 50 Zentimeter vom Hund entfernt. Dann wird eine Scheibe, leicht schräg zum Hund, auf ihn zugeworfen. (Bei vielen Hunden hilft es, wenn hier das Auslösesignal zum Fangen gegeben wird.) Achtung: Diese Übung darf nur mit sicher beutemotivierten Hunden durchgeführt werden. Anfängerhunde können durch die auf sie zufliegende Scheibe verunsichert werden. Die meisten Hunde stehen aus der sitzenden Position auf, um die Scheibe zu fangen. Gebt freundlich wieder das Signal zum Sitzen und wiederholt dies so lange, bis der Hund auch nach dem Fangen sitzen bleibt. Dafür wird er sofort belohnt, zum Beispiel mit einem Zerrspiel. Würfe oder Roller bieten sich hier als Belohnung nicht an, denn im weiteren Verlauf der Übung soll der Hund sich ja nicht wegbewegen. Sobald dies klappt, kann der Hund auch

Dieser Miniaussie hat gelernt, auf Frauchens Fuß zu stehen. Das Multiple wird upside down geworfen, die beiden Scheiben werden in schneller Folge getauscht. Das ist etwas für Fortgeschrittene.

in anderen Positionen bleiben, wenn diese vorher unabhängig vom Frisbee ausreichend trainiert wurden. Ob der Hund auf zwei Beinen steht, ob er hinter oder vor dem Werfer steht – lasst eurer Kreativität freien Lauf!

So zeigt zum Beispiel Tom Clements ein Multiple mit einer sehr schnellen Abfolge von jeweils einem Flip und einer auf den Hund zugeworfenen Scheibe. Dabei variiert er bei jedem Wurf die Technik und bewegt sich vom Hund weg. Border Collie Y zeigt ein Flip-Multiple, eine Abfolge von sehr schnellen Flips, und danach werden noch drei Scheiben auf sie zugeworfen. Möglichkeiten gibt es unendlich viele, sie müssen dem Team nur angepasst sein.

Over

Ein Over ist ein Element, bei dem der Hund über irgendeinen Körperteil des Menschen springt. Das kann zum Beispiel das Bein sein oder der Rücken.

Der Hund darf den Menschen dabei nicht berühren wie bei einem Vault.

Der Hund sollte die Scheibe schnappen, während er über irgendeinen Körperteil des Menschen springt. Ein Sprung über das Bein, der mit einem längeren Wurf bestätigt wird, ist kein Over.

Trainingstipps

Um ein Over zu trainieren, ist es sinnvoll, anfangs mit einem Take zu arbeiten. Als Take bezeichnet man es, wenn der Hund die Scheibe aus der Hand nimmt; sie wird also nicht geworfen, sondern gehalten. Mit dem Take zu beginnen ist sehr

John Arlett mit Border Collie Astro, der von vorne nach hinten über John springt. Der Wurf war ein Spin Up. Overs dieser Art bitte mit Anleitung und Hilfspersonen trainieren!

Maren und Bonny zeigen das richtige Timing fürs Over: Die Scheibe war schon vor dem Absprung des Hundes in der Luft.

wichtig, denn der Hund muss lernen, den Sprung nach der Scheibe selbst zu taxieren und sich auf eine bestimmte Höhe des Sprunges einzustellen. Beginnt man zu früh mit dem Wurf, ist der Sprung über den Körperteil oft eine Gehorsamsübung, die mit einem Scheibenwurf bestätigt wird. Es ist hilfreich, in einer sitzenden Position zu beginnen. Dadurch kann man sich auf den Hund und das richtige Halten der Scheibe konzentrieren. Das geht im Sitzen besser als auf einem Bein stehend. Haltet die Scheibe upside down. Der Hund bekommt das Auslösesignal und darf nach der Scheibe springen. Achtet darauf, dass ihr die Scheibe nicht wegbewegt, wenn der Hund springt! In der Sekunde, in der sie im Maul ist, lasst ihr los. Nach einigen Wiederholungen hat der Hund verstanden, dass er springen muss, um die Scheibe zu bekommen. Sobald der Hund den Take zuverlässig nimmt und richtig abspringt, beginnt die Kunst, im richtigen Moment einen Heber zu werfen. Die meisten Werfer neigen dazu, dem Hund die Scheibe während des Sprunges wegzuziehen. Dann kann der Hund nicht fangen und auch nicht sicher springen.

Der Wurf soll sich anfangs auf der gleichen Höhe bewegen wie der Heber, also nicht wesentlich höher fliegen als die Hand. Dafür muss der Heber gut geübt sein, die Scheibe darf nicht eiern und muss quasi in der Luft stehen. Je exakter geworfen wird, umso eher fängt der Hund. Es muss geworfen werden, bevor der Hund abspringt, denn nur so kann er seinen Sprung anpassen.

Kleiner Tipp: Beobachtet den Hund nur, bis er 2 bis 3 Meter von euch entfernt ist, danach fokussiert nur auf die Scheibe. Werft den Heber konzentriert und achtet vor allem darauf, die Scheibe nicht wegzuziehen.

Nach einigem Üben könnt ihr beginnen, den Heber etwas höher zu werfen.

Je nachdem, wie schnell der Hund ist, kann es sinnvoll sein, ihm mehr oder eher weniger Anlauf zu geben. Wenn der Hund dazu neigt, euch zu überrennen, versucht ihn fast ohne Anlauf vor euren Beinen sitzen zu lassen und werft die Scheibe so hoch, dass der Hund sich wirklich Mühe geben muss, sie zu erwischen. Die Höhe der Scheibe muss an die Größe des Hundes angepasst sein.

Fehler vermeiden

Die meisten Fehler bei Overs passieren, wenn das Timing nicht stimmt, also die Scheibe zu früh oder zu spät geworfen wird. Wird die Scheibe zu spät geworfen, springt der Hund ins Blaue, kann die Scheibe also nur noch fangen, wenn sie absolut exakt in seine Flugbahn geworfen wird. Oft aber überstreckt sich der Hund, um die Scheibe noch zu bekommen. Auf Dauer ist diese Belastung nicht gesund und durch eine solide Wurftechnik zu vermeiden.

Manche Hunde sind übermotiviert und springen, ohne auf Hindernisse, wie etwa das Bein des Werfers, zu achten. In solchen Fällen kann es sinnvoll sein, erst mal den Sprung ohne Beute zu trainieren, etwa mithilfe einer Futterbelohnung. Umläuft der Hund das ausgestreckte Bein, nehmt ein Hindernis zu Hilfe wie etwa einen Baum und stützt das Bein dagegen. So beginnen die meisten Hunde, das Bein doch zu überspringen. Vielleicht wurde das Bein auch zu hoch gehalten, dann kann ein Absenken helfen.

Hunde, die dauerhaft Sprünge vermeiden, leiden meist unter Schmerzen. Hunde kennen keinen Trotz. Wenn sie eine Übung dauerhaft ver-

Lea, hier mit Border Collie Jack beim Training fürs Over, startet beim Junioren-Handling.

Eine schöne Anfängervariante des Overs: Die Scheibe wurde als Spin Up geworfen.

weigern, wurde sie entweder nicht verstanden oder sie können sie aus irgendeinem Grund, wie zum Beispiel körperliche Beschwerden, nicht ausführen.

Ideen
Ein einfaches Over ist der gezeigte Sprung über das Bein. Der Hund kann aber auch über jeden anderen beliebigen Körperteil springen. Ihr könnt euch flach auf den Rücken legen und die Scheibe als Heber werfen, den Hund zwischen euren Beinen durchspringen lassen, über den Arm, von vorne nach hinten über den Rücken und so weiter. Seid kreativ und orientiert euch an den Möglichkeiten, die der Hund anbietet.

Jessica Ritchie zeigt ein schönes Over von hinten über das Bein.

Zig Zag

Bei diesem Element soll der Hund nicht zum Menschen zurückkommen, sondern auf einer gedachten Linie hin und herlaufen, also im Zickzack hinter den Scheiben herjagen. Er muss schnell nach links oder rechts (vom Werfer aus im 135-Grad-Winkel gesehen) laufen, fangen und sofort in die andere Richtung laufen, um die nächste Scheibe zu erwischen.

Trainingstipps

Am Anfang ist es für den Rechtshänder sinnvoll, eine Rückhand nach rechts zu werfen, danach eine Vorhand nach links. Dadurch kann man üben, ohne die eigene Körperstellung zu verändern. Sobald die Scheibe zuverlässig platziert fliegt, kann man die Wurftechniken variieren. Auch hier muss man zuerst das Werfen ohne Hund üben. Am besten geht das natürlich mit zwei menschlichen Partnern, die sich auf die Eckpunkte stellen und denen man die Scheiben zuwirft.

Fehlt der menschliche Trainingspartner, kann man dieses Element auch gut trainieren, indem man zwei Scheiben als Zielpunkt auf den Boden legt. Stellt euch anfangs mit geringem Abstand (etwa 4 Meter) dazu auf und werft Vorhand und Rückhand im Wechsel. Versucht dabei immer denselben Punkt zu treffen.

Auch der Hund muss dieses Element erst kennen lernen. Wir benutzen ein Hörzeichen, auf das hin der Hund versteht, dass er nun nicht mehr apportieren soll, sondern schon im Fangen auslässt und in die nächste Ecke läuft. Dieses Hör-

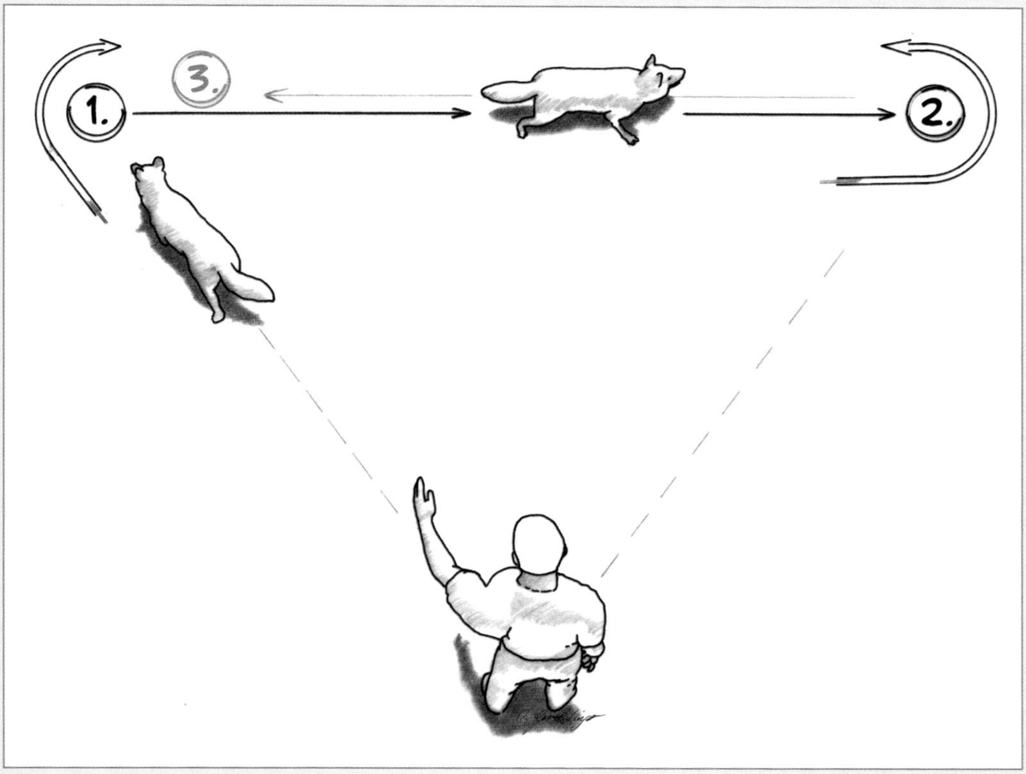

So kann ein Zig Zag aussehen. Ob in Bewegung oder auf einer Linie, der Hund dreht sich um mindestens 90 Grad.

zeichen benutzen wir schon bei den ersten Versuchen. Werft die Scheibe etwa 5 Meter von euch entfernt nach rechts mit einer Rückhand. Bereitet euch dann gleich auf den nächsten Wurf vor, der am besten eine Vorhand ist. So kann sich der Hund an eurer Körperstellung orientieren und wird nicht hinter euch herlaufen, sondern eher vor euch kreuzen. Gebt nun das neue Hörzeichen (zum Beispiel „Turn") und werft, sobald der Hund sich umdreht, schon die nächste Scheibe. Am Anfang kann es sein, dass der Hund zu überrascht und dadurch zu langsam ist, um die Scheibe zu fangen. Das ist aber auch Sinn der Sache, denn nach einigen Wiederholungen weiß er, dass er beim Kommando „Turn" sofort auslassen und losflitzen muss, um die zweite Scheibe noch zu erwischen. Damit der Hund schnell genug wird, muss die Scheibe exakt auf den jeweiligen Punkt geworfen werden.

Fehler vermeiden

Für Anfänger ist dieses Element nicht geeignet, da der Hund schnell auslassen und gar nicht apportieren muss. Trainiert man das Zig Zag zu viel, beginnen die meisten Hunde, nicht mehr zu apportieren und die Scheiben sofort nach dem Fangen auszulassen, um die nächste Scheibe erwischen zu können.

Achtung: Für junge Hunde ist dieses Element weniger geeignet, da der Hund bei dieser Übung sofort nach dem Fangen der Scheibe abstoppt und somit die Vorderhand belastet wird. (Allerdings sprechen wir hier von einer Belastung, wie sie der Hund bei jedem Bällchenwurf auch hat.)

Disc Management

Bei diesem Element muss auch beachtet werden, dass danach mindestens vier Scheiben in einiger Entfernung zum Werfer liegen, nämlich auf den Eckpunkten, an denen der Hund ausgelassen hat. Dies müsst ihr unbedingt mit einplanen, wenn ihr euch eine Freestyle-Kür zusammenstellt, ansonsten steht ihr danach eventuell ohne Scheiben da.

Ideen für Fortgeschrittene

Ein Zig Zag sieht besonders attraktiv aus, wenn der Werfer nicht statisch auf einem Punkt stehen bleibt, sondern sich auf seinem Platz bewegt. Das heißt, man bleibt zwar am Ort, dreht sich aber während des Werfens, geht in die Knie und Ähnliches.

Als Vorschlag: Overhand Wristflip nach links geworfen, eine 180-Grad-Drehung des Werfers, Vorhand rückwärts (unter Bein oder Arm), wieder eine 180-Grad-Drehung, Brush, nach dem Brush dreht sich der Werfer weiter, danach ein Kick.

Damit der Mensch so variabel werfen kann, muss der Hund das Element schon kennen, sonst orientiert er sich an der Körperbewegung des Werfers und bewegt sich nicht mehr auf der attraktiven Zickzacklinie.

Vault

Vaults sind Sprünge des Hundes, bei denen er den Körper des Werfers als Sprungbrett benutzt. Der Hund kann seitlich oder gerade über den Rücken springen (Backvault), über die Brust (Chestvault), über das Bein (Legvault) oder über jeden beliebigen Körperteil.

Bei einem Körperabsprung sollte der Werfer gebückt stehen oder sogar knien, um den Hund nicht zu hoch hinaus zu schicken. Dazu kommt, dass der Werfer in der Lage sein muss, die Scheibe kontrolliert und gerade nach oben zu werfen. Solange das nicht der Fall ist, darf auf gar keinen Fall mit diesen Sprüngen begonnen werden.

Durch diese Sprünge könnte der Hund mühelos eine Höhe von 4 Metern erreichen. Das ist sehr gefährlich. Einige Menschen meinen, sie müssten durch übertriebene Höhe einen besonderen Showeffekt erreichen. Die Sprunghöhe muss unbedingt dem Alter, der Größe und dem Trainingszustand des Hundes angepasst werden.

Ein zu flach geworfener Vault ist allerdings auch sehr belastend. Wenn die Scheibe zu flach abgeworfen wird, also beim Backvault nur knapp über die Schulter, kann der Hund nicht vernünftig vom Rücken abspringen und sein Sprung beginnt fast mit einem Kriechen über den Rücken und endet mit einer Landung auf der Vorderhand. Wenn der Hund sehr schnell ist, steigt die Belastung für die Vorderhand.

Körperabsprünge sind nur das i-Tüpfelchen in der Freestyle-Kür. Man muss keine Vaults zeigen, um vorne zu landen. Ein schlecht trainierter Vault führt viel eher zu Punktabzug oder

Ein sportliches Herrchen, ein gesunder Hund: Dieser Chestvault ist nur für Fortgeschrittene.

sogar zur Disqualifikation. Dennoch sind Vaults mit die attraktivsten Elemente für das Publikum.

Übt zuerst eine saubere, gut trainierte Freestyle-Kür ein und trainiert Vaults erst, wenn ihr den Heber in jeder Situation werfen könnt, euer

Frauchen Disi macht eine Brücke, Border Collie Tessa springt vom Bauch aus ab.

Hund gut trainiert, gesund und alt genug ist. Schwere Hunde sollten generell keine Vaults zeigen. Die Gesundheit unserer vierbeinigen Freunde geht über alles! Und ein schönes Over sieht genauso attraktiv aus wie ein Vault. Vaults ohne Hilfsperson zu trainieren ist gefährlich und damit verantwortungslos. Ungeübte Werfer sollten sich an solchen Elementen nicht versuchen, am besten sucht euch kompetente Anleitung.

Trainingstipps

Um Vaults zu trainieren, muss der Hund zunächst wie beim Backstall (siehe unten) lernen, auf seinem menschlichen Freund herumzuklettern, ohne Angst zu haben. Am besten übt man das mit einem menschlichen Partner. Einer geht auf alle viere und der andere motiviert den Hund, auf den Rücken zu klettern. Ob man dabei Leckerchen oder Beute verwendet, hängt vom Hund ab. Manche Hunde sind so frisbeeverrückt, das sie unkontrolliert springen und sich so selbst gefährden. Diese Hunde werden anfangs mit Futter belohnt und dürfen erst springen, wenn sie beim Frisbeespiel kontrolliert werden können. Sobald der Hund angstfrei und sicher auf den Rücken springt, beginnt das Training zum richtigen Timing. Wir verwenden hierfür Bälle oder Beißwürste. Der Mensch muss das richtige Timing für den Wurf lernen. Der Ball (Frisbee, Beißwurst) muss in der Luft sein, bevor der Hund vom Boden (!) abspringt. Um nicht eine gefährliche Höhe zu erreichen, muss das zuvor ohne Hund geübt werden.

Mark Jennings mit Border Collie Skyler beim Reverse Leg-vault. Die Scheibe wurde hinter dem Rücken vertikal zum Boden abgeworfen. Skyler war zum Zeitpunkt der Aufnahme übrigens acht Jahre alt.

Ist das Timing in Ordnung, lernt der Hund, den Körper des Menschen als Hilfe zu benutzen. Oft wird empfohlen, die Scheibe zu halten oder den Hund nach dem Sprung durch einen Wurf zu bestätigen. Das aber führt dazu, dass der Sprung eine Gehorsamsübung wird und der Hund den Sinn des Sprunges nicht versteht. Für einen Vault muss der Hund vom Körper des Werfers abspringen, um an die Scheibe zu gelangen. Dabei kann der Hund Höhen erreichen, die er alleine nicht springen könnte. Deshalb ist es besonders wichtig, die Absprunghöhe niedrig zu halten, damit der Hund nicht zu hoch geschickt wird.

Um den Vault zu trainieren, bietet sich der Legvault an. Dabei kann der Werfer den Hund sehen und entsprechend reagieren. Haltet die Scheibe so hoch, dass der Hund sie nicht durch einen Sprung vom Boden aus erreichen kann. So muss er den Körper des Werfers benutzen und bekommt die Scheibe auch nur dann, wenn er den Körper zum Absprung benutzt. Die Scheibe wird dabei anders als beim Over nicht über das Bein gehalten oder geworfen, sondern nach hinten versetzt.

Sobald der Hund verstanden hat, wie er aufspringen muss, um den Take zu fangen, und er auch kontrolliert und sicher landet, beginnt der Mensch damit, das richtige Timing zu trainieren – erst einmal ohne Hund. Wie schon beim Over beschrieben, muss auch der Heber für den Vault

Vaults müssen nicht hoch sein: Sabine mit Crazy beim Incredible Dog Challenge 2004.

Wursti hat die Scheibe fest im Blick, während sie optimal auf dem Bein aufsetzt, um diesen Legvault zu fangen.

abgeworfen werden, bevor der Hund abspringt, damit der Hund den Sprung eigenverantwortlich einschätzen kann. Dies ist sehr wichtig, um sicher für den Hund zu spielen. Wird der Hund jedes Mal überrascht, wohin die Scheibe fliegt, sind unkontrollierte Sprünge und Landungen vorprogrammiert.

Sobald der Hund verstanden hat, den Körper zu benutzen, kann auch der Backvault geübt werden. Auch bei diesem Vault ist das Üben ohne Hund zunächst wichtig. Übt mit einer Hilfsperson, die den Hund mimt und den Absprung, das

Wursti zeigt, wie die optimale Flugbahn für einen Legvault aussieht.

Hier ist das richtige Timing beim Backvault zu sehen. Die Scheibe ist schon in der Luft, bevor der Hund abspringt.

Ralph kniet und Sabine hält die Scheibe so, dass Flame vom Rücken abspringen muss.

Aufkommen auf dem Rücken und das Fangen simuliert. Erst wenn der Werfer mit Hilfsperson auf dem Rücken einen Heber im richtigen Moment und in der richtigen Höhe sicher zeigen kann, kommt der vorher aufgewärmte Hund dazu. Macht die ersten Vaults im Knien, sodass die Sprunghöhe des Hundes nicht höher ist als bei einer seiner Größe angepassten Agilityhürde. Der Mensch kniet sich hin, der Helfer hält die Scheibe (am besten upside down) so, dass der Hund den Körper benutzen muss, um abzuspringen. War dies erfolgreich, wird der Hund gelobt, bekommt ein Zerrspiel oder einen Roller. Alle Übungen, bei denen verhältnismäßig oft oder höher gesprungen wird und bei denen eine etwas höhere Belastung der Gelenke erfolgt, dürfen nur einige Male wiederholt werden.

Natürlich ist es schön, einen Vault zeigen zu können. Spielt man im Park, ist einem nach dem Vault auch die Aufmerksamkeit des letzten Besuchers sicher. Achtet trotzdem darauf, diese Elemente nicht zu häufig zu üben oder zu zeigen, damit eure Hunde auch in vielen Jahren noch Spaß an der Scheibe haben.

Nachfolgend noch ein paar Anmerkungen zu den vielfältigen Vaults: Generell sollte man nicht versuchen, allein riskantere Vaults zu üben. Um beispielsweise einen Chestvault zu üben, braucht man neben einer perfekten Wurftechnik, einer gewissen Körperbeherrschung, Standfestigkeit und einem sehr athletischen Hund noch eine Menge Fachwissen. Ohne wirklich qualifizierte Anleitung sollte sich niemand daran wagen.

Frans wirft die Scheibe beim Backvault vertikal hoch, mit Hamburger-Griff ist es oft leichter als mit einem Heber.

Todd Duncan zeigt mit seinem Hund River eine Variation des Chestvaults. Nur für fortgeschrittene Teams!

Frans zeigt mit Australian Shepherd Chris einen Backstall.

Backstall

Beim Backstall steht der Hund auf dem Rücken des Menschen. Anders als beim Vault wird der Körper des Menschen hier nicht als Sprungbrett benutzt und der Backstall ist auch keine flüssige Bewegung.

Trainingstipps

Als Erstes wird wieder eine Hilfsperson benötigt, um dieses Element zu üben. Sie lockt den Hund erst mal auf den Rücken des knienden Frauchens oder Herrchens. Dort oben wird der Hund belohnt. Damit er nicht gleich wieder herunterspringt, bekommt er nicht nur ein Leckerchen, sondern gleich mehrere. So lernt er, dass es sich lohnt, auf dem Rücken stehen zu bleiben. Achtet besonders darauf, den Rücken wirklich gerade zu halten. Zieht euch rutschfeste Kleidung an, damit der Hund nicht ausgleitet. Zusätzlich ist es sinnvoll, ein spezielles Hör- und/oder Sichtzeichen für den Backstall zu trainieren, damit der Hund das Element nicht mit dem Backvault verwechselt.

Man kann den Backstall als Abschluss in eine Freestyle-Kür einbauen, zu Beginn zeigen, um Zuschauer aufmerksam zu machen, oder auch in das Spiel integrieren. Um es punkterelevant für ein Turnier zu trainieren, muss eine Scheibe ins Spiel kommen. Man kann zum Beispiel mehrere Scheiben vertikal zum Hund werfen. Dabei bleibt der Hund auf dem Rücken. (In schneller Folge ist auch dies ein Multiple.) Um das zu trainieren, braucht man wieder eine Hilfsperson, die den Hund notfalls mit einer kurzen Leine sichert. Für solche Übungen sollte der Hund kein Halsband, sondern ein gutes Brustgeschirr tragen.

Der Hund wird nach dem Fangen verbal gelobt. Unruhige Hunde kann man auch mit dem Kommando „Platz“ auf dem Rücken in eine kontrollierte Position bringen. Anders als beim Vault haben wir schon sehr viele unsaubere Landungen gesehen, wenn der Hund aus der Warteposition nach einer geworfenen Scheibe vom Rücken abspringt. Deshalb raten wir, den Hund ohne geworfene Scheibe abspringen zu lassen. Gegen ein Multiple auf dem Rücken ist nichts einzuwenden. Wie die Scheiben geworfen werden, ist dem Werfer überlassen. Um als Multiple zu gelten, müssen sie schnell geworfen werden, wobei der Hund gleich wieder auslassen muss, um die nächste zu fangen.

Dog Catch

Der Hund wird, während er eine Scheibe fängt, vom Menschen aufgefangen. Der Dog Catch kann auf vielerlei Arten gezeigt werden.

Chris wird sicher gefangen, die Scheibe wurde geworfen.

Dieser Kelpie führt den Dog Catch noch mit gehaltener Scheibe aus.

Manche Hunde springen ganz spontan hoch, wenn man das Frisbee hochhält. Diese Methode funktioniert aber nicht sehr zuverlässig und es besteht die Gefahr, dass der Hund fällt oder auf der Hinterhand landet, wenn ihr ihn nicht schnell genug auffangt.

Trainingstipps

Wenn ihr Rechtshänder seid, lasst den Hund links neben euch sitzen. Haltet Leckerchen oder Scheibe in der rechten Hand. Lehnt euch an einen Baum, den Oberkörper nach hinten geneigt, beugt die Beine, als ob ihr säßet, und versucht den Hund dazu zu bringen, auf den Schoß zu springen. Wenn der Hund hochspringt, wird er belohnt. Die Leckerchenvariante wird bei den meisten Hunden anfangs sinnvoller sein, da der Hund auf dem Schoß stehend belohnt werden kann und meist ruhiger und kontrollierter springt. Wenn der Hund oben ist, muss er sofort mit der linken Hand gestützt werden. Achtet dabei darauf, den Hund gut festzuhalten. Dieses Festhalten sollte am Brustkorb des Hundes erfolgen, so ist die größtmögliche Kontrolle gegeben.

Dies muss so oft wiederholt werden, bis der Hund auf Kommando in einem Satz auf den Schoß springt und der Fänger sicher ist, den Hund gut und kontrolliert zu stützen. Dann kann der nächste Schritt folgen. Lehnt euch wieder an eine Stütze und beugt nur noch das linke Bein als Aufsprunghilfe. Ohne das rechte Bein ist es nun besonders wichtig, den Oberkörper nach hinten zu beugen, damit der Hund genug Platz zum Aufsprung hat. Haltet die rechte Hand mit Leckerchen oder Scheibe mindestens auf Schulterhöhe, damit der Hund das Bein nicht überspringt.

Wenn das so klappt und ihr sicher genug seid, allein zu stehen und den Hund sicher zu fangen, versucht das Ganze ohne Stützhilfe, am besten allerdings mit einer Hilfsperson, die euch oder den Hund halten kann, wenn irgendetwas schief geht.

Sitzt dieser Schritt, beginnt die vorher als Take gehaltene Scheibe als Heber zu werfen. Mit dem richtigen Aufbau sollte dieser Dog Catch nun gut klappen. Solange noch Unsicherheiten bestehen, egal ob ihr nicht sicher seid, den Hund richtig zu fangen, oder ob der Hund noch nicht sicher in die gewünschte Richtung springt oder auf dem Arm noch zappelt, lasst die Scheibe weg und arbeitet weiter mit einer Hilfsperson.

Kompliziertere Dog Catches sind zum Beispiel das Fangen des Hundes, während er gerade flipt. Dabei kann der Hund mit dem Armen gefangen werden. Wir kennen einen Amerikaner, der sich so schnell dreht, dass der Hund auf seinem Rücken landet. Dafür ist aber eine Menge Übung nötig und vor allem fachliche Hilfe von qualifizierten Menschen, um dies für den Hund sicher zu trainieren.

Flip

Ein Flip ist ein Sprung, bei dem sich der Hund in der Luft um 360 Grad dreht, während er die Scheibe fängt.

Dieses Element ist eines der stärker belastenden, weil sich der Hund, je nachdem, wie er gebaut ist, im Rücken verdrehen muss, um die Scheibe zu erwischen. Hunde, deren Rücken nicht sehr lang ist im Verhältnis zur Beinlänge, werden weniger belastet als Hunde, bei denen der Rücken in Relation länger ist. Das bedeutet, Hunde mit langem Rücken sollten entweder keine Flips zeigen oder sie nur sehr selten ausführen.

Trainingstipps

Der Flip ist ein Element, das für fortgeschrittene Werfer und fortgeschrittene Hunde geeignet ist. Wenn ihr oder euer Hund noch nicht so weit seid, lasst den Flip weg!

Zunächst muss geübt werden, die Scheibe richtig zu werfen, wie immer erst mal ohne

Cato führt einen Flip aus und Marcus fängt ihn im Flug. Dafür muss der Hund dem Menschen absolut vertrauen. Nur etwas für Fortgeschrittene!

Hund. Stellt ein Hindernis wie zum Beispiel einen großen Stoffhund oder eine Sporttasche direkt vor euch. Nehmt nun die Scheibe in die Hand wie zu einer Rückhand und werft sie vertikal um das Hindernis rechts herum. Dabei sollte die Scheibenkante im 45-Grad-Winkel zum Hund abgekippt sein. Der Flip muss relativ hoch geworfen werden, denn der Hund muss die Zeit haben, sich in der Luft zu drehen. Zu flache Flips sind sehr gefährlich. Das wäre so, als würde man einen Salto schlagen und sich dabei nur 60 Zentimeter vom Boden entfernen.

Die Scheibe muss in etwa doppelter Hundehöhe über seinem – vom Startpunkt aus gesehen – linken Hinterbein schweben und dort auch gefangen werden. Somit muss sich der Hund drehen, um die Scheibe zu erwischen, und hat durch die Höhe genug Zeit für die sichere Landung. Hunde mit kurzem Rücken kommen bei diesem Sprung in der Regel auf allen vier Beinen auf. Hunde mit längerem Rücken landen meist auf der Vorderhand.

Wurde die Scheibe zu weit in den Bereich über der Schulter geworfen, steigt der Hund hoch,

Border Collie Tessa beim Flip. Disi zeigt, wie man richtig abwirft.

Tessa dreht sich in der Luft.

dreht sich nicht, sondern landet im schlechtesten Fall auf der Hinterhand.

Manche Hunde flippen besser, wenn man die Scheibe in einem Bogen als normale Rückhand um sie herum wirft.

Trainingstipps für den Hund

Wenn ihr den Wurf beherrscht, kommt der Hund dazu. Idealerweise steht er vor euch, eine sitzende Position erschwert ihm das schnelle Reagieren. Werft nun eine Scheibe auf die linke Seite des Hundes, sodass er nur seinen Kopf nach links bewegen muss, um sie zu fangen. Lobt den Hund und sagt ihm, was für ein feiner Kerl er ist. Der nächste Wurf geht etwas weiter nach hinten, aber noch so flach, dass der Hund nicht springen muss, um die Scheibe zu fangen. Wiederholt dies einige Male, damit der Hund merkt, in welche Richtung die Scheibe nun fliegt.

Sobald das gut funktioniert, probiert den neuen Wurf, den ihr ja vorher schon geübt habt. Wenn die Vorarbeit gut war, flippt der Hund nun

So oder andersherum dreht sich der Hund beim Flip.

wie gewünscht. Achtet darauf, dass der Hund gut landet. Landungen auf der Hinterhand werden vom Werfer verschuldet. Meist ist die Scheibe zu kurz (oft im Schulterbereich) geworfen oder zu flach. Am besten ist es, wenn ihr euch für alle fortgeschrittenen Elemente kompetente Hilfe holt.

Sabrina wirft einen Flip nach hinten. Die Wurfhöhe der Scheibe ist der Größe von Jana angepasst.

Eine Variation des Flips: unter dem Bein geworfen

Wind-Management

Da Frisbee ein Sport für draußen ist, hat man auch oft mit Wind zu kämpfen. Für einen Anfänger ist es sehr schwer, bei stärkerem Wind zu werfen. Aber auch hier macht Übung den Meister.

Die Ober- und die Unterseite der Scheibe verhalten sich im Wind wie ein Segel, der Rand der Scheibe wie ein Messer, das „den Wind schneidet". Wirft man die Scheibe gegen den Wind, hat sie die Tendenz, nach oben zu fliegen (Segel). Um das zu vermeiden, sollte man viel Spin auf die Scheibe geben und die Nase der Scheibe etwas absenken. Wirft man die Scheibe mit dem Wind, wird sie eher heruntergedrückt. Auch hier ist erst mal viel Spin vonnöten und die Scheibe sollte etwas höher abgeworfen werden als ohne Wind.

Seitlicher Wind drückt die Scheibe weg, wodurch die Scheibe nicht zu fangen ist. Daher sollte beim Werfen von Flips der Werfer immer mit dem Rücken zum Wind stehen. So fliegt die Scheibe als Messer, schneidet den Wind und hält die Flugbahn. Der Körper des Werfers kann auch als Windfang dienen. Rollt man die Scheibe über den Körper (Bodyroll), ist ein leichter Gegenwind sehr von Vorteil, dasselbe gilt für gebrushte Scheiben.

Show

Jetzt sind wir bei dem schwierigsten Begriff des Hundefrisbee angekommen. Wie gut eine Show ist, hängt von der Qualität der gezeigten Darbietung ab. Dies ist abhängig vom Leistungsstand des Teams, das heißt, auch ein Anfänger kann eine gute Show machen. Ein freundlich lächelnder Spieler sieht besser aus als jemand, der verspannt konzentriert versucht, sich an seine Freestyle-Kür zu erinnern. Wenn allerdings das Lächeln aufgesetzt wirkt und vor allem dann zutage tritt, wenn die Musik einsetzt oder auch an die Aufmerksamkeit der Richter gekoppelt ist, wirkt dies wie bei einem Tanzturnierteilnehmer mit mangelndem Feingefühl. Das Spiel mit dem Hund macht Spaß. Deshalb tun wir es ja (hoffe ich zumindest). Und manchmal vergeht einem an Anfang auch mal das Lächeln (vor allem bei den ersten öffentlichen Auftritten). Eine gute Show sieht bei jedem Mensch-Hund-Team anders aus, weil sich jeder

Dieser Australian Shepherd ist über das Bein gevaultet. Tänzerisches Talent und eine gewisse Standfestigkeit sind hier gefordert – nur etwas für Fortgeschrittene mit Ballett-erfahrung.

unterschiedlich bewegt und jeder Hund anders ist. Bei einer guten Show haben beide Spaß an der Sache, sieht man sicher trainierte Tricks und auch einen Hund, der begeistert Scheiben fängt. Zu einer guten Show können gehören das Arme hochreißen, gut trainierter Schnickschnack (zum Beispiel Jonglieren von Scheiben oder Ähnliches) sowie ein Spieler, dessen Begeisterung echt ist und auf das Publikum übergeht. Hundefrisbee ist neben einer wundervollen Möglichkeit, sich mit seinem Hund zu beschäftigen und ihn artgerecht auszulasten, auch ein Showsport, etwas, bei dem Menschen im Park stehen bleiben und ihre Kinder rufen, damit die auch mal schauen. Und das ist auch etwas Positives. Denn es rückt den Hund als Kameraden und Spielpartner in ein gutes Licht. Dorthin, wo er auch hingehört!

Musik

Beim Freestyle spielt man zu Musik. Welche Musik ausgewählt wird, ist prinzipiell reine Geschmackssache und die Auswahl obliegt dem Spieler. Ob man zu soften Klängen spielt, zu rockigen Songs oder zu Techno – erlaubt ist alles, was gefällt. Dennoch hier ein paar Tipps:

- Eher hektische Hunde können durch eine hektische, schnelle Musik schnell noch hektischer wirken.
- Hektische Musik kann auch den Werfer hektisch machen.
- Ein langsamer Hund sieht durch eine langsame, getragene Musik womöglich aus, als wäre er dabei einzuschlafen.
- Viele Amerikaner bevorzugen Gitarrenklänge und Songs von Sugar Ray, Smashmouth und Co.
- Wenn ihr am liebsten zu den Wildecker Herzbuben spielt, tut das ruhig.
- Denkt daran, das Lied zu Turnierzwecken nicht nur auf zwei Minuten Länge zu schneiden – die Zeit läuft erst, wenn die erste Scheibe die Hand des Werfers verlässt. Also plant euer Intro, wenn vorhanden, mit ein und noch ein paar Extrasekunden für den Schreck, dass es schon losgeht.

Wer genug Eifer hat, kann auch seine Freestyle-Kür auf die Musik abstimmen. Anfängern ist davon eher abzuraten, denn man bringt sich unnötig in Stress, zumal man meist ohnehin die komplette Kür vergisst, wenn man die ersten Male vor Publikum spielt. Eine von vorne bis hinten durchgestylte Kür erfordert ein wirklich intensives Training und birgt immer das Risiko, aus dem Fluss zu kommen und auch nicht wieder hineinzufinden, wenn einzelne Elemente nicht wie geplant funktionieren. Im ungünstigsten Fall ist man mit der Kür schon fertig und die Zeit läuft noch, weil man zu schnell war oder die Zeitnehmer nicht aufgepasst haben.

Dabei ist es sicher Typsache, wie man an seine Kür herangeht. Wir haben gute Erfahrungen damit gemacht, Sets zu trainieren und diese aneinander zu hängen. Dabei kann man einzelne Sets auf Höhepunkte oder markante Punkte des Musikstückes abstimmen. Dazwischen heißt es bei mir „Mut zur Lücke“, Marcus hingegen schafft es meist, sich seine komplette Freestyle-Kür zu merken. Probiert aus, was für euch am besten passt, und so macht ihr es dann!

Tricks mit dem Hund

Beim Freestyle kann man auch Tricks, die der Hund beherrscht, in das Spiel mit einflechten. Dabei kommt es nicht darauf an, möglichst viele Tricks zu zeigen, sondern nur, Fähigkeiten des Hundes so zu integrieren, dass es in der Freestyle-Kür Glanzpunkte setzt. Vor allem bevor die erste Scheibe fliegt, ist es schön Tricks zu zeigen. Man nennt das „warming up the crowd", also das Warm- oder Aufmerksam machen des Publikums. Mein Hund Crazy läuft zu Beginn unserer Freestyle-Kür sehr schnell rückwärts über das ganze Feld, unser Cattle Dog Wursti macht Männchen, Border Collie Y spurtet Achten durch die Beine. Jeder Trick, der euch oder dem Publikum gefällt, ist hier geeignet. Vom Show- und Spaßfaktor abgesehen, ist der positive Nebeneffekt, dass der Hund auch in der Erwartung auf die fliegenden Scheiben unter eurer Kontrolle ist.

Nachfolgend ein paar Anregungen für Anfänger und wie immer der Hinweis, dass es unendliche Möglichkeiten gibt.

Die Scheibe wird gleich als Butterfly geschlagen. In dieser Richtung ist sie für den Hund schwer zu fangen.

Spin

Nehmt ein Leckerchen in die Hand und führt es im großen Bogen um den Hund herum. Wenn der Hund der Hand folgt und sich dreht, bestätigt ihn mit dem Leckerchen. Gebt dazu das gewünschte Hörzeichen, zum Beispiel „Spin". Sobald sich der Hund zuverlässig dreht, baut das Sichtzeichen ab. Deutet die Bewegung nur noch an und bestätigt den Hund, sobald er sich gedreht hat.

Dieser Trick ist auch mit Frisbeemotivation leicht zu erlernen. Führt das Frisbee im großen Bogen um den Hund herum und belohnt ihn für die Drehung mit einem Zerrspiel, einem Roller oder einem Wurf.

Slalom

Man kann diese Übung auf sehr verschiedene Art und Weise trainieren. Da dies ein Buch über Hundefrisbee ist, führen wir den Bereich Lernverhalten des Hundes sowie Clickertraining nicht weiter aus und verweisen auf die entsprechende Literatur.

Beim Slalom durch die Beine bewegt sich der Mensch vorwärts und der Hund läuft gleichzeitig Achten zwischen den Beinen.

- Variante 1:

  Nehmt in beide Hände Leckerchen und lasst den Hund links neben euch sitzen. Geht nun mit dem rechten Bein einen Schritt vor und haltet das Leckerchen mit der rechten Hand von hinten durch das Bein und lockt den Hund hindurch. Sobald der Hund durchgeht, bestätigt mit einem Leckerchen. Man kann auch ein Hörzeichen dazu nehmen, zum Beispiel „Durch". Macht nun mit dem linken Bein den nächsten Schritt und nehmt die linke Hand von hinten durch die Beine, damit der Hund der Hand folgt und wieder durch die Beine geht. Bestätigt anfangs jedes Mal mit einem Leckerchen. Erst wenn der Hund sicher durchläuft, bestätigt ihn variabel, das heißt nur jedes zweite oder dritte Mal. Am Anfang ist die Koordination für den Menschen nicht ganz einfach, nehmt euch deshalb Zeit und übt eventuell den Bewegungsablauf erst mal ohne Hund.

- Variante 2:

  Wenn der Hund schon sehr motiviert ist, mit der Scheibe zu spielen, kann man ihn auch mit der Scheibe locken. Nehmt am Anfang zwei Scheiben, in jede Hand eine. Lasst den Hund links neben euch sitzen und geht mit dem rechten Bein einen Schritt vor. Mit der rechten Hand haltet die Scheibe von hinten unter das Bein und lockt den Hund durch. Sobald der Hund durchgeht, bestätigt mit einem Roller oder einem Wurf. Beim nächsten Mal kann man schon versuchen, gleich zwei Schritte zu machen. Fangt erst wieder mit dem rechten Bein an. Ist der Hund durchgelaufen, macht mit dem linken Bein den nächsten Schritt und nehmt die linke Hand mit dem Frisbee von hinten durch die Beine, damit der Hund der Scheibe folgt und wieder durch die Beine geht. Danach folgt wieder etwas, das den Hund belohnt. Das kann ein Zerrspiel, ein Wurf oder ein Roller sein.

Wenn der Hund sehr aufgeregt ist, sobald die Scheibe ins Spiel kommt, fangt lieber erst mit dem Üben mit Futterbelohnung an.

Rolle

Bei der Rolle rollt sich der Hund seitlich über den Boden. Wenn dieses Kommando gut und schnell ausgeführt wird, kann es eine Freestyle-Kür sehr bereichern. Wird das Kommando allerdings nur unwillig oder langsam ausgeführt, kann dies auch sehr lähmend wirken. Generell sollte man bei Turnieren nur dann eine Rolle zeigen, wenn der Hund sich aus der Bewegung rollt und keine län-

Cattle Dog Wursti beim Warming up the crowd mit Marcus

gere Kommandovorbereitung wie zum Beispiel „Platz“ nötig ist. Punkte gibt es für diese Tricks nicht, es sei denn, sie kommen flüssig und passen zur Show – dann gibt es vielleicht doch den ein oder anderen Bonus vom geneigten Richter.

Um diesen Trick zu lernen, muss der Hund das Kommando „Platz“ beherrschen. Manche Hunde haben Probleme, sich auf die Seite drehen zu lassen. Es ist besonders wichtig, dass alle Übungen auf Freiwilligkeit beruhen. Wenn der Hund sich nicht wie beschrieben legen möchte, darf er auf keinen Fall dazu gezwungen werden. Fangt in kleinen Schritten an. Zeigt dem liegenden Hund ein Futterstück und führt es nun in den Schulterbereich des Hundes. Wenn der Hund der Hand folgt, wird er sofort belohnt. Beim nächsten Mal möchten wir schon mehr vom Hund. Er soll sich mit dem Hinterteil auf die Seite drehen. Dazu machen wir dieselbe Bewegung wie vorher und bestätigen erst, wenn der Hund sich freiwillig gedreht hat. Danach versucht man den Hund zur ganzen Drehung zu motivieren. Er darf dabei niemals umgeschubst werden!

Viele Hunde lassen sich gerne am Bauch kraulen. Wenn es dazu noch eine Futterbelohnung gibt, wird es der Hund genießen, sich auf den Rücken zu legen.

Bei allen Tricks geht man in kleinen Einzelschritten vor. Erst wenn der erste Schritt klappt, probiert man den nächsten. Jeder Hund ist anders und braucht unterschiedlich lange, bis er verstanden hat, was man von ihm möchte. Wenn die Rolle mit Futtermotivation gut klappt, kann man auch die Frisbeescheibe dazunehmen. Anfangs sind viele Hunde sehr aufgeregt und machen die Rolle nicht. Wartet geduldig ab, ob es funktioniert. Sobald der Hund sich rollt, fliegt die Scheibe. Wenn der Hund sich gar nicht rollt, packt die Scheibe wieder weg und übt erst noch mal mit Futterbelohnung weiter.

Die Drecksrolle

Ein sehr beliebtes Element ist es, sich frontal zum Hund auf den Boden zu legen und gemeinsam mit ihm zu rollen. Nach einigen Reithallenturnieren sind wir dazu übergegangen, diese Figur die Drecksrolle zu nennen. Zu beliebte Elemente nutzen sich aber mit der Zeit ab – also ran und kreativ sein!

Turniersport

Vielleicht spielt der ein oder andere Leser dieses Buches mit dem Gedanken, einmal auf ein Turnier zu fahren. Nur zu! Ob als Zuschauer oder Teilnehmer – man sieht viele verschiedene Teams, lernt neue Kombinationen und kann sich mit Gleichgesinnten austauschen. Was muss der Hund können, bevor man sich in der Anfängerklasse anmeldet? Eigentlich reicht es, wenn der Hund gerne und auch unter Ablenkung Scheiben fängt und der Mensch ein bis zwei Wurftechniken sicher beherrscht. Man muss keine großartige Freestyle-Kür trainiert haben, sondern einfach die Freude, die man am Spiel mit dem Hund hat, vermitteln können.

Das Schöne bei Hundefrisbeeturnieren ist auch, dass niemand aufgrund einer nicht ganz so guten Leistung abgestempelt wird. Es wird trotzdem geklatscht und im Zweifelsfall wird man mit einem „macht nix, dann eben nächstes Mal“ aufgemuntert.

Es gibt im Hundefrisbee diverse unterschiedliche Disziplinen. Bei einem Standardfrisbeeturnier werden Freestyle und Minidistance gespielt, aber darüber hinaus finden auch neue Disziplinen immer mehr begeisterte Anhänger.

Freestyle

Hier wird mit mehreren Scheiben gespielt. Je nach Reglement stehen sieben oder zehn Scheiben zur Verfügung. Man kann frei entscheiden, welche Elemente oder Wurftechniken man zeigt. Eine Freestyle-Kür ist auf zwei Minuten begrenzt. Hierzu sucht sich der Spieler ein Musikstück aus. Es gibt keine Elemente, die man zeigen muss. Die Darbietung sollte den Fähigkeiten des Hundes und dem werferischen Können des Menschen angepasst sein. Dabei ist weniger manchmal mehr.

Malinois Cato ist um Marcus herumgelaufen und folgt der Scheibe.

Minidistance

Bei der Minidistance hat man je nach Reglement zwischen 60 und 90 Sekunden Zeit, die Scheibe so oft zu werfen, wie es geht. Dabei werden gefangene Würfe und deren Weite bewertet. Je nach Reglement werden die Würfe in Abstände von 10, 20, 30 und 40 Metern oder 15, 25 und 35 Yards eingeteilt.

Dabei gibt es einen Punkt pro erreichter Weite, also einen Punkt für 10 Meter, zwei für 20 Meter und so weiter. Bei offiziellen UFO-Turnieren (UFO, Erklärung siehe unten) bekommt man für 15 Meter einen Punkt, für 25 Meter zwei Punkte und für 35 Meter drei Punkte. Bei einigen Wettbewerben gibt es einen halben Zusatzpunkt, wenn der Hund sich, während er die Scheibe fängt, mit allen vier Pfoten in der Luft befindet.

Nach USDDN-Regeln (USDDN, Erklärung siehe unten) hat man 90 Sekunden Zeit und die besten fünf Würfe werden bewertet. Mit dieser Regel haben auch langsamere Hunde eine Chance auf eine gute Punktzahl.

Trainingstipps für Minidistance

Von den meisten Spielern wird unterschätzt, wie hoch der Einfluss der Minidistance auf die Wertung ist. Wer also auf Turnieren gut abschneiden möchte, sollte diese Disziplin öfter trainieren.

Der Hund muss sich vor dem Start hinter der Startlinie befinden. Für das häusliche Training ist es sinnvoll, auch einmal mit einer Linie zu arbeiten. Bei manchen Turnieren wird die Linie aus Mehl gestreut. Beim Training sollt man daher auch gleich üben, dass Linien nicht gefressen werden dürfen. Der Werfer sagt dem Linienrichter, dass er bereit ist, und darf dann nach eigenem Ermessen die erste Scheibe werfen.

Es ist sehr günstig, dem Hund dafür das Herumlaufen um den Werfer beizubringen, wie es im Kapitel „Trainingsaufbau mit dem Hund“ im Abschnitt „Aus der Luft fangen“ schon beschrieben wurde. Dadurch kann der Hund den Abwurf und die Flugrichtung der Scheibe sehen und in die richtige Richtung durchstarten.

Die Scheibe muss gefangen werden, bevor sie den Boden berührt, und bis hinter die Linie gebracht werden. Tut der Hund dies nicht, darf der Werfer loslaufen und die Scheibe holen. Er muss allerdings mit Scheibe wieder hinter die Linie laufen. Bei Turnieren gibt es oft Punktverluste durch schlechtes oder sogar fehlendes Apportieren oder Nichtauslassen der Scheibe. Manche Hunde lassen die Scheibe einfach 5 bis 10 Meter vor der Linie fallen. Dies lässt sich durch gutes Training von vornherein vermeiden.

Apportieren bei der Minidistance

Sobald der Hund gelernt hat, die Scheiben gerne zurückzubringen, und uns nicht als Konkurrenz um sein Spielzeug ansieht, kann man mit dem Minidistancetraining beginnen. Dabei versteckt man eine Notscheibe unter dem T-Shirt (oder in der Kapuze) und beginnt mit einer zweiten Scheibe zu spielen. Der Hund bekommt das Signal zum Loslaufen und die Scheibe fliegt. Sobald der Hund die Scheibe hat, bleibt ganz ruhig und aufrecht stehen, ohne den Hund zu rufen. Wurde vorher ausreichend trainiert, kommt der Hund nun mit Scheibe in eure Nähe gelaufen. Wartet so lange ab, bis er die Scheibe in einem akzeptablen Umkreis von euch entfernt ablegt (maximal 2 Meter entfernt). Lobt ihn dann verbal, geht ruhig und ohne Hektik zur Scheibe hin und werft erneut.

Achtung: Sollte der Hund vorschnellen, um euch die Scheibe noch schnell wegzuschnappen, bewegt euch nicht mehr weiter auf die Scheibe zu, sondern entfernt euch vom Hund. Dieses Verhalten des Hundes kann verschiedene Ursachen haben:

- Der Aufbau des Hundes ist nicht korrekt gewesen. Dadurch hat er noch Verlustängste und ist sich nicht sicher, ob das Spiel weitergeht oder womöglich nach dem Apportieren beendet ist.
- Ihr habt Fangen mit dem Hund und der Scheibe (oder anderem Spielzeug) gespielt.
- Ihr habt euch zu hektisch auf die Scheibe zubewegt. Der Hund hatte den Eindruck, es ist ein Reaktionsspiel.
- Ihr habt grundsätzliche Probleme mit dem Hund. Dies kann mangelnde Autorität sein, zu viel Stress beim Abgeben vonseiten des Hundes und vieles mehr. Kontaktiert in diesem Fall eine kompetente Hundeschule, die euch weiterhelfen kann. Abhilfe kann nur im Einzeltraining geschaffen werden.

Im weiteren Verlauf der Übung achtet darauf, dass der Hund die Scheibe immer näher heranbringt. Bewegt euch niemals auf den Hund zu! Manche Hunde lernen es sehr schnell, die Scheibe in die Hand zu legen. Bei eher hektischen Menschen und sehr motivierten Hunden kann es anfangs sinnvoll sein, den Hund die Scheibe nur auf den Boden legen zu lassen. Habt ihr den Hund sehr gut unter Kontrolle, kann er die Scheiben auch bei größtem Stress in die Hand geben (den Stress hat der Werfer beim Turnier).

Ideal ist es, wenn man die Notscheibe gar nicht einsetzen muss. Sollte der Hund allerdings Probleme beim Abgeben haben, tauscht lieber die Scheibe, als hinter dem Hund herzulaufen.

Turniertipps zur Minidistance

Bei USDDN-Turnieren werden die besten fünf Würfe gewertet. Dies wäre kein Problem, wenn alle Werfer problemlos 40 Meter weit werfen könnten und die Scheiben vom Hund auch gefangen würden. Die meisten Werfer sind jedoch erst einmal froh, wenn ihre Scheiben 10 oder 20 Meter gerade fliegen. Um bei einem USDDN-Turnier eine hohe Punktzahl zu erreichen, sollte man klug werfen: Werft zunächst fünf sichere Würfe. Wenn ihr 10 Meter sicher werft, werft fünfmal 10 Meter. Das sind fünf Punkte und wenn euer Hund in der Luft fängt, kommt pro Wurf noch jeweils ein halber Punkt dazu. Das sind 7,5 Punkte, ein für die Anfängerklasse sehr guter Punktestand. Erst wenn die fünf sicheren Würfe geklappt haben, probiert weiter zu werfen. Wenn der Hund dann nichts mehr fängt, weil der Wurf nicht so gut platziert war, schmälert das euren Punktestand nicht. Also nicht bei der Minidistance bei jedem Wurf versuchen, so weit wie möglich zu werfen! Das gibt dann manchmal Null-Punkte-Runden.

Bei UFO-Turnieren hat man 60 Sekunden Zeit, wobei alle gefangenen Würfe gezählt werden. Auch hier ist es sinnvoll, richtig zu planen. Messt im Training, wie lange euer Wurf inklusiv Zurückbringen der Scheibe bei 10, 20, 30 oder 40 Metern dauert. Dann könnt ihr mit einiger Übung planen, wann es sinnvoll ist, wie weit zu werfen. Braucht der Hund bei einer 30-Meter-Scheibe (die vielleicht nur mit einem gewissen Risiko geworfen wird, weil der Wurf nicht sicher sitzt) 20 Sekunden, solltet ihr beim Ansagen der letzten 30 Sekunden vielleicht erst noch eine sichere 10- oder in Anhängigkeit von der Schnelligkeit des Hundes 20-Meter-Scheibe werfen. Diese Punkte sind in der Regel sicher. Ein Wurf gilt, wenn er vor Ablauf der Zeit abgeworfen ist. Also habt ihr dann noch 10 Sekunden für den Abwurf. Wie lange der Hund braucht, bis er wieder da ist, spielt keine Rolle.

Die Zeit wird nach 30 Sekunden und nach 50 Sekunden angesagt. Die Profis in Amerika haben zusätzlich Helfer, die ansagen, wie viel Zeit noch bleibt. Habt ihr einen eher langsamen Hund, kann es sinnvoll sein, generell 10-Meter-Scheiben zu werfen. Damit kann man auch viele Punkte erzielen.

Longdistance

Bei dieser Disziplin geht es darum, die Scheibe so weit zu werfen, wie es geht. Bewertet werden gefangene Würfe und deren Weite. Der Rekord (Stand Anfang 2005) mit einer Fastback-Dog-Frisbee-Scheibe liegt bei 97,9 Metern, geworfen von Mark Molnar mit Malinois Falco am 21. Mai 2004 in La Mirada, Los Angeles.

Für diese Disziplin gibt es verschiedene Wettbewerbsformen. Bei allen Formen ist es hier notwendig, dass sich der Hund beim Abwurf hinter der Startlinie befindet. Dies gilt es für entsprechende Turniere rechtzeitig zu trainieren.

Das Training kann so aussehen, dass der Hund mit größerem Abstand zum Werfer abgelegt wird. Dafür muss er das Kommando „Bleib“ beherrschen. Steht der Hund kurz vor dem Abwurf immer wieder auf, simuliert den Abwurf, bis der

Hund liegen bleibt, und werft erst dann. Somit wird der Hund nicht für das zu frühe Aufstehen durch den erfolgten Wurf belohnt.

Eine andere Möglichkeit ist es, sich selbst einige Meter von der Startlinie entfernt aufzustellen und den Hund knapp vor der Startlinie abzulegen. Dann bekommt der Hund das Signal zum Herumlaufen. Er muss nun einige Meter bis zu euch zurücklegen, euch umkreisen und dann losspurten. Dies gibt dem Werfer in der Regel genug Zeit für den Wurf und der Hund ist beim Abwurf noch hinter der Linie.

Dartbee

Bei dieser Disziplin steht der Werfer je nach Reglement 10 bis 20 Meter von dem Spielfeld entfernt und wirft die Scheibe in dieses einer Dartscheibe nachempfundene Feld mit entsprechend gekennzeichneten Landezonen. Bewertet werden nach Punkten die innerhalb der Dartfelder gefangenen Würfe, wobei mindestens eine Pfote des Hundes im entsprechenden Feld landen muss.

Flybee

Flybee ist ein Mannschaftssport. Es spielen in der Regel zwei Staffeln gegeneinander. Hierfür wird ein Feld abgesteckt und eine Landezone festgelegt, die etwa 15 Meter entfernt von der Grundlinie liegt. Nach dem Startsignal erfolgt der erste Wurf. Der Hund muss in der Landezone fangen und die Scheibe apportieren. Wenn der erste Hund die Grundlinie mit Scheibe überquert, startet der nächste Hund.

Pro gefangener und apportierter Scheibe bekommt man fünf Punkte. Gewonnen hat die Mannschaft, die zuerst eine vorher festgelegte Punktzahl erreicht hat. Erfolgreiche Teams können ausscheiden, die nicht so routinierten Teams bleiben über. Das Spiel kann nach eigenem Geschmack variiert werden und bleibt so spannend, schnell und lustig.

Das Spiel

Dieses Spiel ist unser Favorit der Frisbeespiele ohne Hund. Es macht Spaß und hält auch fit. Es spielen zwei Mannschaften gegeneinander auf einem vorher festgelegten Feld. Auf der Längsseite des Feldes werden jeweils zwei Tore aufgebaut. Dies können Hula-Hoop-Reifen sein, die an Bäume gehängt werden, Basketballkörbe oder Ähnliches.

Ziel ist es, die Scheibe in das gegnerische Tor zu werfen. Dabei darf man, wenn man im Besitz der Scheibe ist, nur zwei Schritte laufen, danach muss man die Scheibe abspielen. Blocken ist natürlich erlaubt. Gewonnen hat, wer zehn Tore erzielt hat.

Europäische Organisationen

In Deutschland veranstalten verschiedene Klubs und auch der DVG, der Deutsche Verein für Gebrauchshunde, Mitglied im VDH (Verband für das Deutsche Hundewesen e.V.), Turniere. Diese Turniere werden nach amerikanischen Regeln bewertet (UFO = United Frisbee Dog Operations und USDDN = United States Disc Dog Nationals, Stand 2005). Es gibt auch eine deutsche Organisation mit einem eigenen Regelwerk, die Turniere veranstaltet. Das ist die GDDA, die German Disc Dog Association.

In den Niederlanden gibt es zwei Organisationen, die Turniere veranstalten, Trainer schulen und so weiter. Die eine ist die D.O.G, Dutch Official Games. Diese Organisation richtet Turniere nach USDDN-Reglement aus, schult Trainer und Richter. Die andere ist die DFF, die Dog Frisbee Friends. Sie veranstaltet Turniere nach UFO-Reglement.

In den anderen europäischen Ländern steckt Hundefrisbee 2005 noch in den Anfängen, trotzdem gibt es in allen Ländern schon begeisterte Anhänger dieses Sports, sodass Turniere in Frankreich, Österreich, Polen und so weiter schon bald veranstaltet werden.

Bewertung

Bei der Bewertung von Freestyle-Darbietungen ergibt sich immer ein Problem. Keiner läuft als Erster über die Ziellinie und es wird nicht bewertet, wer am höchsten springt. Damit ist die Bewertung der Darbietung ziemlich subjektiv. Um dies einzuschränken, wurden verschiedene Bewertungssysteme entwickelt und über Jahre ausprobiert und modifiziert.

Generell wird bei allen Systemen bewertet,

- wie motiviert und konzentriert der Hund spielt und wie fokussiert er auf die Scheibe ist.
- wie athletisch der Hund ist. Damit ist nicht die Höhe der Sprünge gemeint, sondern wie sicher sich der Hund bewegt, wie gut der Sprung ist, wie die Kontrolle des Hundes in der Luft ist. Gute Richter wissen, dass es nicht auf die Höhe der Sprünge ankommt, sondern auf die Kontrolle, die der Hund bei der Landung zeigt.

- wie gut die Übergänge von Tricksequenz zu Tricksequenz und wie schwierig die gezeigten Elemente sind.

In Europa werden Teams bei gesundheitsgefährdendem Spiel verwarnt oder disqualifiziert oder es werden auch Punkte abgezogen.

Gegenüberstellung von UFO- und USDDN-Regeln

Die Regeln dieser Organisationen werden zurzeit in Europa angewandt. Die Regeln der GDDA sind an die UFO-Regeln angelehnt, weichen aber in der Ausführung deutlich von den ursprünglichen Regeln ab.

Bei den Regeln der UFO wird nach folgendem System bewertet. Pro Sparte können maximal zehn Punkte vergeben werden.

- Drive and Athleticism (Beutetrieb und Athletik)
  Die Richter beurteilen die athletischen Fähigkeiten des Hundes unter besonderer Berücksichtigung von Triebstärke, Geschwindigkeit, Ausdauer, Fähigkeiten des Hundes beim Verfolgen der Wurfscheibe, Sprungfähigkeit sowie Kontrolle in der Luft und während der Landung. Der Hund sollte zeigen, dass er Scheiben trotz unterschiedlicher Drehrichtungen und Kippneigungen fangen kann und eine gute Orientierung bei unterschiedlich weiten Würfen hat.
- Ingenuity (Einfallsreichtum)
  Bewertet werden die Kreativität, Athletik und Wurffähigkeit des Menschen unter besonderer Berücksichtigung auf durchgängig gute Platzierung der Scheiben und der Fähigkeit zu verschieden schweren Würfen. Erfolgreich abgeschlossene Würfe sind auch in dieser Kategorie wichtig, aber besonderer Wert wird auf Innovation und Abwechslung, nicht Höhe der Catch Ratio und Wiederholung gelegt.

Als Catch Ratio wird das Verhältnis von geworfenen zu gefangenen Scheiben bezeichnet. Dafür wird die Anzahl der gefangenen Scheiben durch die geworfenen Scheiben geteilt und diese Zahl dann mal zehn genommen.

$$\frac{\text{Gefangene Scheiben}}{\text{Geworfene Scheiben}} \times 10 = \text{Catch Ratio}$$

- Sequences und Flow
  Hier wird die Zusammenarbeit des Teams beim Präsentieren der Freestyle-Kür bewertet. Gefragt sind fließende Übergänge von Trick zu Trick und weiche Übergänge der Sets. Sets sollten so aus einzelnen Tricks zusammengestellt werden, dass ein fließender Ablauf entsteht. Der Teilnehmer sollte beim Verbinden der Sets die Aufmerksamkeit auf eine angemessene Scheibenplatzierung legen. Einzelne Tricks, die nicht deutlich Teil eines Sets sind, werden in ihrem Beitrag des fließenden Ablaufs als Teil der gesamten Kür berücksichtigt. Es wirkt sich nicht punktmindernd aus, wenn sich das

Team kurz Zeit nimmt, um die Tricks vorzubereiten, wenn dadurch nicht der generelle Fluss gestört wird.

- Comprehensive

Die Richter bewerten den Gesamteindruck der Kür als Ganzes mit Schwerpunkt auf Showmanship, Darbietung, Energie und generelle Reaktion des Publikums.

Bei der USDDN wird mit vier Richtern gerichtet. Dabei achtet ein Richter auf den Hund, der in vier verschiedenen Kategorien bewertet wird und pro Kategorie maximal 2,5 Punkte erhalten kann, also höchstens zehn Punkte. Bewertet werden die Beutemotivation des Hundes, die Fähigkeit des Hundes, auf verschiedene Arten zu apportieren (also in die Hand geben, fallen lassen auf größere Distanz, wenn es der nächste Trick erfordert, und so weiter), die Athletik des Hundes, also Kontrolle des Hundes bei Sprüngen, und der Griff des Hundes in der Scheibe,

also wie der Hund die Scheibe hält. Dies ist wichtig zum Beispiel bei Multiples: Fängt der Hund wirklich jede Scheibe oder lässt er sie aus dem Maul zu Boden gleiten?

Ein Richter konzentriert sich nur auf den Menschen und bewertet, wie sich das Team auf dem Spielfeld präsentiert. Steht der Werfer immer am selben Ort oder stellt die Freestyle-Kür eine geplante Bewegung über das Feld dar? Die Wurfvielfalt wird beurteilt, wie viele Wurftechniken werden gezeigt, wie viele Variationen dieser Wurftechniken? Wie kontrolliert geht der Mensch mit der Scheibe um? Die Rhythmik des Teams wird beurteilt, die Übergänge sollten sanft sein, der Fluss der Darbietung sollte nicht unterbrochen werden.

Drittens geht es um Elemente. Diese Elemente wurden nicht willkürlich festgelegt, sondern anhand von Videos und Aufzeichnungen von Frisbeeveranstaltungen über Jahre herausselektiert. Es wurde kontrolliert, ob gemeinsame Elemente in den Freestyle-Küren zu finden sind, und nachdem dies geschehen war, wurden diese Elemente benannt.

In dieser Kategorie kann man vier von sieben Elementen zeigen.

Die Elemente sind:

1. Overs = Körperübersprünge

Wie und worüber der Hund springt, ist unerheblich, je schwieriger die Ausführung, umso höher die Punktzahl.

2. Vaults = Körperabsprünge

Von welchem Körperteil der Hund abspringt, ist auch hier nicht vorgeschrieben. Je schwieriger der Vault, umso höher die Punktzahl. Ein einfacher Backvault bringt weniger Punkte als ein Butterfly Chestvault zum Beispiel.

3. Multiples = drei schnelle Würfe nahe beim Körper des Werfers, die alle gefangen werden müssen (3 catches in rapid succession)

Auch hier gibt es keine weiteren Vorschriften, ob schnelle Flips gezeigt werden, Juggeling mit zwei Frisbees oder schnelles Zuwerfen von einfachen Rückhandwürfen. Die Ausführung bleibt dem Werfer überlassen.

4. Dog Catch = der Hund wird gefangen

Auch hier gibt es keine weiteren Vorschriften. Ob beim Flip, beim Chestvault, beim einfachen Heber, der Fantasie des Werfers sind nur die Grenzen gesetzt, die der eigene Hund vorgibt.

5. Passings = der Hund passiert den Menschen

Manchmal auch Crosses genannt. Macht fast jeder Hund automatisch während der Freestyle-Kür.

6. Zig Zag

Eine nicht ganz einfache Übung. Der Hund wird vom Werfer von der Spitze eines Dreiecks zu den beiden Schenkeln geschickt. Dabei muss der Hund fangen, sofort auslassen und ohne zum Werfer zurückzukommen wieder zur nächsten Ecke spurten.

7. Team Movement

Hier wird die Choreografie bewertet (falls eine vorhanden ist!).

Die Minidistance zählt auch hier dazu, allerdings sind die Freestlye-Bewertungen mit einem Multiplikator von 1,5 versehen. Die Minidistance kann bei der USDDN mit maximal 19 Prozent in die Wertung mit eingehen.

Die in diesem Buch verwendeten Fotos stammen von Marcus Wolff, Sascha Zels, Meinrad Schweizer, Steven Donaue und Kilian Breuer.

Die Zeichnungen wurden angefertigt von Ralph Grieblinger.

Allen Beteiligten sei an dieser Stelle herzlich für ihre Mitarbeit gedankt.